GEORG MARKUS

Unter uns gesagt

GEORG MARKUS

Unter uns gesagt

Begegnungen mit Zeitzeugen

Mit einem Vorwort von
Hugo Portisch

88 Abbildungen

Amalthea

Besuchen Sie uns im Internet unter:
www.amalthea.at

© 2008 by Amalthea Signum Verlag, Wien
Alle Rechte vorbehalten
Umschlaggestaltung: Kurt Hamtil, verlagsbüro wien
Umschlagfoto: © IMAGNO/Franz Hubmann
Herstellung und Satz: VerlagsService Dr. Helmut Neuberger
& Karl Schaumann GmbH, Heimstetten
Gesetzt aus der 12/15 Punkt Berkeley
Druck und Binden: CPI Moravia Books GmbH
Printed in the EU
ISBN 978-3-85002-648-2

INHALT

Inhalt

6

7

EINE VERGNÜGLICHE ZEITREISE
Vorwort von Hugo Portisch

Die Geschichtswissenschaft hat lange gebraucht, ehe sie bereit war, die Erlebnisse und Eindrücke von Zeitzeugen als Quellen zur Erforschung dessen, was einmal war, wahrzunehmen. Und manche Historiker stehen auch heute noch der *oral history*, der erlebten und erzählten Geschichte, mit Skepsis gegenüber. Menschen können sich irren oder falsch erinnern. Gewiss. Aber ebenso können sich Menschen irren, die Papiere schreiben, seien es Protokolle, Memoranden oder amtliche Berichte. Und sie können auch manches anders darstellen, als es war. Dennoch gelten diese Papiere als Dokumente, werden sorgfältig registriert und archiviert und von der Geschichtswissenschaft als gültige Zeugnisse zur Entschlüsselung dessen angesehen, was damals geschah.

Und doch können diese amtlichen Dokumente kaum je eine Zeit, Lebensumstände, gesellschaftliche Entwicklungen, die Menschen und deren Empfindungen späteren Generationen so lebensnah begreiflich machen wie die Erzählungen jener, die diese Zeit selbst erlebt haben: Das Schreckliche, das Unglaubliche, das Absurde und Groteske, aber auch das Heitere, das Amüsante.

Für die Fernsehdokumentationen *Österreich I* und *Österreich II* haben wir viele hundert Zeitzeugen gesucht, gefunden und befragt. Ihre Aussagen haben wesentlich

9

dazu beigetragen, einem großen Publikum Ereignisse und Handlungen auch emotional nahe zu bringen und damit verständlicher zu machen. Als Georg Markus mich gerade auf Grund dieser Erfahrungen ersuchte, ein Vorwort zu diesem Buch zu schreiben, meinte er, es handle sich dabei um die Wiedergabe der Erzählungen von Zeitzeugen, die er oft mit viel Akribie aufgespürt und dazu gebracht hatte, ihm aus ihrem Leben zu berichten. So las ich nun, Kapitel um Kapitel, was Georg Markus da erfahren hat. Erstaunlich, außergewöhnlich, ja unglaublich so manches und alles faszinierend. Aber es sind nicht nur die Aussagen der Gesprächspartner, von denen diese Faszination ausgeht, sondern vor allem, was Markus von und über diese Zeitzeugen zu berichten weiß.

So ist der interessanteste Zeitzeuge, der in diesem Buch zu Wort kommt, Georg Markus selbst. Es sind seine Recherchen, seine Begegnungen, seine Gespräche mit und seine Eindrücke von den Menschen, über die er hier berichtet. Ihre eigenen Aussagen sind oft nur die – allerdings stets treffenden und amüsanten – Pointen der Markus'schen Berichte. Dass Bruno Kreisky im Alter von fünf Jahren bereits den bevorstehenden Untergang der Monarchie geahnt hatte, als der Sarg mit der Leiche Franz Josephs auf der Ringstraße an ihm vorüberzog, das hatte der Altkanzler öfter erzählt, eine Episode, die ihn als frühreifes politisches Talent auswies. Über die Zeit sagte sie nichts aus. Bei Georg Markus aber schildert Kreisky, wie er als Siebenjähriger nach dem Zusammenbruch der Monarchie auf dem Rasen des öffentlichen Parks plötzlich Fußball spielen durfte, nur um kurz darauf von der republikanischen Polizei wieder vertrieben zu werden. »Buam«, sagte er zu seinen Spielkameraden, »des is gar ka Revolution.« Eine Bemerkung, die einiges über die Zeit aussagt.

Markus spricht mit Menschen, die den alten Kaiser selbst oder dessen unmittelbare Nachfahren gekannt haben. Aber auch mit einem Mann, der ein ganzes Buch darüber geschrieben hat, in dem er sich als ein direkter Nachfahre Kaiser Franz Josephs zu erkennen gibt. Den allerdings schickt Markus zum DNA-Test.

In anderen Fällen gibt es solche Zweifel nicht. Der Urenkel des Kronprinzen Rudolf hat über die Tragödie von Mayerling erst in der Schule erfahren. Und das, obwohl Otto Windisch-Graetz auf den Knien der Witwe des Kronprinzen gesessen ist und auch dessen Tochter, die »rote Erzherzogin«, noch gekannt hat. Niemand innerhalb der Familie hat je die peinlichen Seiten ihrer Geschichte erwähnt. Offensichtlich, so meint Markus, macht das Phänomen des Verdrängens auch vor den Mitgliedern des ehemaligen Kaiserhauses nicht Halt. Andere Geschichten, in denen bei Markus die kaiserliche Familie eine Rolle spielt, handeln von Franz Ferdinand bis Otto Habsburg.

So geht es weiter in diesem Buch, Begegnung um Begegnung. Zu den Nachfahren, die Markus aus dem Leben bedeutender Persönlichkeiten berichten, zählen auch die Enkel von Sigmund Freud und Gustav Klimt. Man fasst es kaum, dass Markus im Frühjahr 2008, mehr als ein Dreivierteljahrhundert nach Arthur Schnitzlers Tod, dessen Schwiegertochter traf. Lilly Schnitzler schildert den Dichter, wie man ihn kaum kennt: seinen Alltag, wie er wohnte, seine Schwermut, und sie erinnert sich, wie der Tod seiner

Tochter ihm die Lebenskraft der letzten Jahre nahm. Eine Beschreibung aus einer verklungenen Welt, in der Namen wie Hofmannsthal und Felix Salten eine Rolle spielen, ganz so als wär's gestern erst gewesen.

Ein Stück österreichischer Musikgeschichte erleben wir in Markus' Bericht über seine Zusammenarbeit mit Marcel Prawy, Hans Weigel und Henry Grunwald, dem damaligen amerikanischen Botschafter in Wien. Heinz Grünwald hieß er ursprünglich, als er mit seiner Familie 1938 Österreich verlassen musste. Sein Vater Alfred Grünwald schrieb Libretti zu den bekanntesten Wiener Operetten von Lehár, Kálmán, Robert Stolz und anderen Musikgrößen. Sohn Heinz machte in den USA große Karriere, bis er an der Spitze des gewaltigen TIME-Medienkonzerns stand. US-Präsident Ronald Reagan bat Grunwald als Botschafter nach Österreich zu gehen, um in der Zeit der *Watchlist*-Affäre um Kurt Waldheim dennoch für ein erträgliches Verhältnis zu Österreich zu sorgen. Aber Grunwald nahm dies auch zum Anlass, seinem Vater ein Denkmal zu setzen, tatsächlich und in Form einer Biografie, an der die oben genannten vier Herren mitwirkten.

Seine Begegnungen mit Karl Farkas und Gerhard Bronner gewähren Markus Einblicke in die Welt des Kabaretts der Nachkriegszeit und so manchen Blick hinter die Kulissen. Dabei erfährt er auch, dass der *Herr Karl* ein Vorbild hatte. Helmut Qualtinger und Carl Merz hatten von einem tatsächlich existierenden Geschäftsdiener gehört, der sich »seine« Geschichte auf ähnliche Weise zurechtgezimmert hatte, wie es die spätere Bühnenfigur tat. Der letzte Augenzeuge fertigte auf Ersuchen von Georg

Markus ein »Phantombild« dieses echten *Herrn Karl* an, wodurch wir heute erfahren, wie das Original aussah.

Ich kenne Georg Markus seit den frühen Siebzigerjahren. Er berichtete damals als Nachwuchsreporter im *Kurier* darüber, wie die Polizei drei Ausbrecher aus der Strafanstalt Stein quer durch Wien verfolgte, ehe der legendäre Polizeipräsident Josef Holaubek einen von ihnen mit den nicht minder legendären Worten: »I bin's, der Präsident« festnahm.

Das war eine Aufsehen erregende, aber eher lokale Begebenheit, doch Markus sorgt für eine amüsante Nachgeschichte, indem er zwei der Hauptdarsteller des glücklicherweise unblutig verlaufenen Krimis viele Jahre später gemeinsam an einen Kaffeehaustisch bat: Den Polizeipräsidenten und einen der Ausbrecher. Was sie einander zu sagen hatten, ist jetzt bei Markus nachzulesen – neben vielen weiteren spannenden Berichten.

Es ist erstaunlich, dass Georg Markus immer wieder neue und spannende Facetten der Geschichte zutage fördert, vor allem aber, wie er es tut: Einerseits mit der dafür nötigen Ernsthaftigkeit, andererseits aber auch so, dass seine Bücher zur vergnüglichen Zeitreise werden.

Wien, im Juli 2008

»EIN EHER DÜSTERER MENSCH«
Meine Begegnung mit Schnitzlers Schwiegertochter

Wer hätte das gedacht! In der Sternwartestraße, am Stadtrand von Wien, lebt Schnitzlers Schwiegertochter. »Jetzt bin ich bald hundert«, sagt die rüstige Dame, die mehr als 75 Jahre nach dem Tod des Dichters noch so viel zu erzählen vermag. Ich traf sie im Juni 2008 in ihrer Villa, die dem Wohnhaus ihres berühmten Schwiegervaters gegenüber liegt. Eine beeindruckende und eloquente Zeitzeugin, die mit manch überraschender Erinnerung aufzuwarten hat.

»Ich war elf Jahre alt, als ich Arthur Schnitzler zum ersten Mal sah«, weiß Lilly Schnitzler geborene Strakosch, als wär's gestern gewesen. »Er wohnte im Haus Sternwartestraße 71 und ich mit meinen Eltern und Geschwistern hier, wo ich heute noch lebe, auf Nummer 56.« Das »Währinger Cottage«, in dem sich die beiden Familien, nur ein paar Schritte voneinander entfernt, niedergelassen hatten, war in der zweiten Hälfte des 19. Jahrhunderts entstanden, als im Zuge der Stadterweiterung die Gartengründe der inneren Bezirke abgetragen wurden. Künstler, Kaufleute und Industrielle errichteten repräsentative Einfamilienhäuser, in denen sie gutnachbarliche Kontakte pflegten. So auch die Familien Schnitzler und Strakosch.

Aus der Nachbarschaft wurde Freundschaft, verrät Lilly Schnitzler. »Mein Vater besaß die Hohenauer Zuckerfabrik

15

*»Er war immer in Gedanken versunken«:
der Dichter Arthur Schnitzler.*

und war ein kunstsinniger Mann. Arthur Schnitzler war – in Begleitung verschiedener Frauen – oft bei uns zu Gast, und wir waren mehrmals bei ihm. Ich sah ihn auch, wenn er zu seinen Spaziergängen aufbrach, meist in einen grünen Regenmantel gehüllt, die Hände am Rücken verschränkt, mit seinen Freunden Hofmannsthal, Richard Beer-Hofmann oder Felix Salten unterwegs.«

Lilly Schnitzler, Jahrgang 1911, hat ihren späteren Schwiegervater »als einen eher düsteren Menschen in Erinnerung behalten. Er war nicht sehr groß und immer in Gedanken versunken. Ich hatte großen Respekt vor ihm, da er ja damals schon eine Berühmtheit war.«

Nie und nimmer hätte Lilly Strakosch es für möglich gehalten, eines Tages die Schwiegertochter dieses Mannes zu sein. »Es war am Neujahrstag 1932, da nahmen mich meine Eltern zu einer Feier im Hause Felix Saltens mit, der in der Weimarer Straße wohnte, ebenfalls ganz in unserer

16

Nähe. Dort lernte ich Schnitzlers Sohn Heinrich kennen, der den ganzen Abend mit mir ins Gespräch kommen wollte, was nicht wirklich gelang, weil ich damals noch entsetzlich schüchtern war. Außerdem hatte ich ein grünes Kleid an, das warf mir Heini noch viele Jahre später vor, denn er hasste grün. Als wir uns einige Tage später zufällig bei sehr starkem Schneefall vor meinem Elternhaus wiedersahen, plauderten wir doch sehr angeregt miteinander. Er war ein wunderbarer Pianist, und ich spielte Geige, und so lud er mich ein, zum Musizieren zu ihm zu kommen. So fing es an.«

Arthur Schnitzler war wenige Wochen davor, am 21. Oktober 1931, gestorben. Lillys Erinnerungen an den Dichter stammen »teils aus den vorangegangenen Begegnungen in meinem Elternhaus, teils aus den Erzählungen meines Mannes«.

Im Juni 1934, gleich nach ihrer Hochzeit, zog sie in die Villa ihres Schwiegervaters in der Sternwartestraße 71, »wir richteten den ersten Stock neu ein, da ich als junge Frau nicht in einem Museum leben wollte.« Und doch hat sie das Haus noch so in Erinnerung, wie Arthur Schnitzler es bewohnt hat: »Die Villa liegt in einem sehr schönen Garten, im Erdgeschoss waren zwei Biedermeiersalons und das Esszimmer, an den Wänden hingen zwei Bilder von Carl Moll. Es gab einen Bösendorfer-Flügel, an dem Schnitzler täglich mit meinem Mann vierhändig spielte.« Als besonders imposant wird des Dichters Bibliothek beschrieben, bestehend aus vielen tausend Bänden, die sich heute zum Teil noch in Lillys Besitz befinden, »den anderen Teil hat mein Mann der Nationalbibliothek geschenkt.«

17

Frau Schnitzler führt mich durch ihr Haus und zeigt die eindrucksvollen Reste der Schnitzler'schen Bibliothek, ehe wir bei einem wahren Schatzkästchen Halt machen. »Das sind die Gegenstände, die am Tag, an dem Schnitzler starb, auf seinem Schreibtisch lagen«, sagt die alte Dame und öffnet die kleine Schatulle. »Seine goldene Uhr und ein Ring sind verschwunden, wir wissen nicht, was damit geschehen ist, alles andere liegt genauso vor uns, wie er es im Oktober 1931 hinterlassen hat.«

Lilly Schnitzler entnimmt der Kassette einen Reisepass, ausgestellt auf »Dr. Arthur Schnitzler, Beruf Arzt und Schriftsteller, Ort und Datum der Geburt 15. V. 1862 Wien, Wohnort Wien XVIII., Sternwartestr. 71, Gesicht oval, Farbe der Augen grau, Farbe der Haare braun«.

Sie legt den Pass beiseite und zeigt Schnitzlers Geldbörse mit den Initialen »A. S.«, seine Brille – so rund, als hätte Sigmund Freud sie getragen –, zwei Haarlocken, »von denen niemand weiß, wem sie eigentlich gehörten«. Weiters finden sich zwei Theaterkarten, die Schnitzler nicht mehr benützen konnte, und ein Notizblock mit seinen letzten Aufzeichnungen. Sie sind kaum zu entziffern, war der Dichter doch bekannt dafür, unleserlich, wie bei Medizinern oft üblich, gekritzelt zu haben.

Und dann holt Frau Schnitzler noch das handgeschriebene private Telefonbuch ihres Schwiegervaters hervor.

Ich darf ein bisschen darin blättern. Da sind alle Rufnummern vermerkt, die er mit einem dünnen Bleistift notiert hatte: vom Gaswerk über das Hotel Sacher bis zu denen von Hofmannsthal (Tel.-Nr. 21-46-218) und Felix Salten (A-10-3-11).

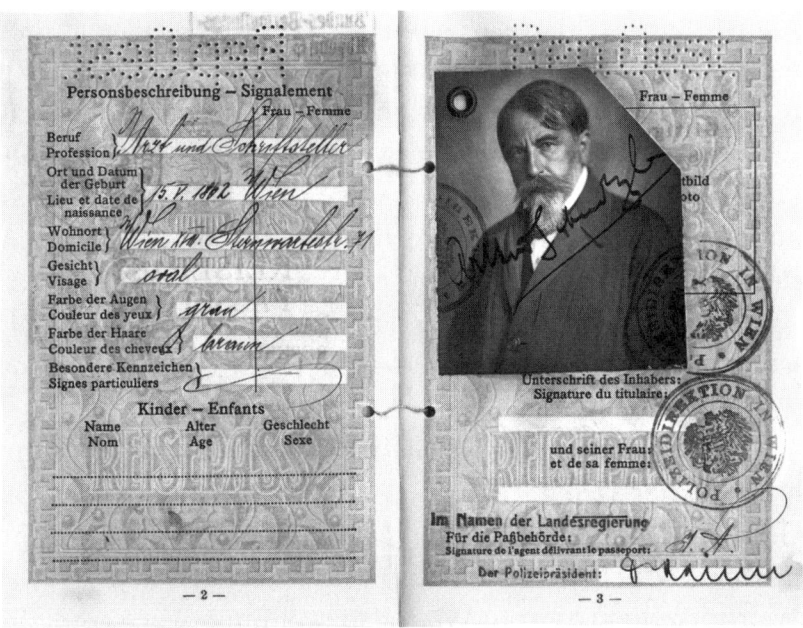

»Gesicht oval, Farbe der Augen grau«: Arthur Schnitzlers Reisepass

»Salten«, erzählt Lilly Schnitzler weiter, »war ein intimer Freund sowohl Schnitzlers als auch meiner Eltern. Wir haben mehrere Urlaube mit ihm und seiner Familie verbracht, zwei Sommer hatten wir gemeinsam ein Haus in Unterach am Attersee gemietet.«

An diesem Punkt angelangt, konnte ich nicht anders als der Zeitzeugin eine Frage zu stellen, mit deren Beantwortung sie ein populäres Rätsel der Literaturgeschichte lösen würde: »Haben Sie, gnädige Frau, Salten je gefragt, ob er der Autor der Lebenserinnerungen der Josefine Mutzenbacher ist?«

Frau Schnitzler muss keinen Augenblick nachdenken. »Ja, natürlich hab ich ihn das gefragt, es hat mich ja selber

19

interessiert«, erklärt sie, »und er hat ›Ja‹ gesagt. Ja, er hat
das Buch geschrieben, vertraute er mir an, er hätte das aber
öffentlich nie zugeben können, weil das in der damaligen
Zeit einen großen Skandal hervorgerufen und seiner Repu-
tation als Schriftsteller geschadet hätte. Einmal habe ich
auch mit Saltens Tochter Anna, die eine meiner engsten
Freundinnen war, darüber gesprochen, und auch sie bestätigte, dass er es geschrieben hat.« Und dann fügt sie noch
lächelnd hinzu: »Schnitzler, der auch ›im Verdacht‹ stand,
war's jedenfalls nicht.«

Arthur Schnitzler und Felix Salten waren auf ganz
andere, eher skurrile Weise miteinander verbunden. Lillys
Gedanken und Erinnerungen schweifen in diesem Moment
noch ein Stückchen weiter zurück: »Als nach dem Ersten
Weltkrieg die Armut in Wien ganz schlimm war, wurde in
unserer Gegend viel eingebrochen, da gründeten die Haus-
besitzer eine so genannte *Cottage-Garde*, der Schnitzler,
Salten, Beer-Hofmann und mein Vater angehörten. Sie ver-
sammelten sich jeden Abend bei uns zu Hause, jeder bekam
ein Gewehr in die Hand gedrückt, und damit wanderten sie
dann im 18. Bezirk herum. Geschossen wurde nie. Ich weiß
auch nicht, ob die Herren besonders befähigt gewesen
wären, für die Sicherheit im Bezirk zu sorgen.«

Lilly Schnitzler kann sich nicht erinnern, ihren späteren
Schwiegervater jemals gut gelaunt oder gar lachend gesehen
zu haben. »Schnitzlers ganze Persönlichkeit war geprägt vom
tragischen Tod seiner Tochter Lili, die er über alles geliebt hat.
Von dieser Katastrophe hat er sich nie mehr erholt, konnte er
sich nicht erholen, diese Tragödie hat auch großen Einfluss
auf das weitere Zusammenleben der Familie gehabt.«

Arthur Schnitzlers Ehe mit seiner Frau Olga war bereits 1921, sieben Jahre vor dem Selbstmord der gemeinsamen Tochter, geschieden worden. »Mein Mann liebte seinen Vater sehr, aber zu seiner Mutter hatte er keine besondere Beziehung. Der Umstand, dass sie trotz eines Hilferufs ihrer Tochter nicht nach Venedig* gereist war, stand immer im Raum. Es gab in der Familie den Vorwurf, Olga hätte die Tragödie

»Mein Mann liebte seinen Vater, aber zu seiner Mutter hatte er keine besondere Beziehung«: das Ehepaar Heinrich und Lilly Schnitzler, 1948.

möglicherweise verhindern können, wäre sie nicht so egozentrisch gewesen.«

Fragt man Lilly Schnitzler nach ihrer Schwiegermutter Olga, hält sie kurz inne. »Na ja, also bitte, sie ist jetzt schon so lange nicht mehr da, dass ich ganz ehrlich sein kann. Ich hab sie nicht ausstehen können! Sie war eine vollkommen unnatürliche Person. So hat sie, als meine Kinder noch klein waren, bei uns ›Großmutter gespielt‹, obwohl sie das in Wirklichkeit überhaupt nicht interessierte, so etwas spürt man ja. Olgas Beziehung zu Arthur Schnitzler war so,

---

* Schnitzlers Tochter Lili erschoss sich am 26. Juli 1928 in ihrem Hotelzimmer in Venedig.

wie geschiedene Leute eben miteinander auskommen müssen, die gemeinsam Kinder haben. Sie kam vor allem dann zu ihm, wenn sie noch mehr Geld brauchte, damit ist sie ihm schrecklich auf die Nerven gegangen.« Schnitzler, sagt die Schwiegertochter, sei durch seine Tantiemen zwar »wohlhabend gewesen, aber nicht reich, es ist nicht viel übrig geblieben nach seinem Tod«.

Allein blieb Arthur Schnitzler auch nach seiner Scheidung nicht. »Die Frauen sind auf ihn geflogen«, weiß Lilly, »auch Minna, seine Köchin – die mein Mann und ich später übernommen haben –, hat ihn angehimmelt. Zuletzt stand er der Schriftstellerin Clara Katharina Pollaczek und seiner Sekretärin und Übersetzerin Suzanne Clauser nahe.«

Lilly Schnitzlers Ehe mit dem 1982 verstorbenen Regisseur Heinrich Schnitzler entsprangen zwei Söhne:

Peter Schnitzler, Jahrgang 1937, lebt als Filmemacher, Regisseur und Maler in den USA.

Michael Schnitzler, Jahrgang 1944, war als Geiger lange Konzertmeister der Wiener Symphoniker und Musikprofessor an der Universität Wien. Bekannt ist er auch als Obmann des Vereins *Regenwald der Österreicher*, der in Costa Rica 38 Quadratkilometer Regenwald freikaufte.

Michael, der im Nebenhaus seiner Mutter wohnt, ist mittlerweile zu uns gestoßen und hat seiner Mutter interessiert zugehört. »Mein Bruder und ich«, sagt er, »haben leider viel zu wenig über unseren Großvater erfahren. Das lag daran, dass uns mein Vater nur wenig über Arthur Schnitzler mitteilte. Er dachte, wir würden uns nicht für ihn interessieren, weil wir in den USA aufgewachsen sind. Mein Bruder und ich wiederum dachten, dass unser Vater nicht gerne über Arthur reden würde. Durch dieses Missverständnis wurde in der Familie leider viel zu wenig über unseren Großvater gesprochen.«

Michael Schnitzler empfindet es als interessant, »dass Schnitzler für die Bühne ganz anders schrieb, als er lebte. Er hat in seinen Beziehungen dieselben Fehler begangen, wie sie die Männer in seinen Stücken begehen. Arthur Schnitzler hat im Theater das kritisiert, was er selbst getan hat. Im Übrigen neigte er zu Schwermut, und er war ein großer Hypochonder – was mein Vater übrigens von ihm übernommen hatte.«

An seine Großmutter Olga, die 1971 starb, kann sich Michael gut erinnern. »Sie gab sich sehr intellektuell und war stolz darauf, Schnitzlers Witwe zu sein, obwohl sie vor dessen Tod längst geschieden waren.«

Heinrich Schnitzler, in den dreißiger Jahren bereits ein bekannter Regisseur, drehte an dem Tag, an dem Hitlers Truppen in Österreich einmarschierten, in Belgien einen Film, erzählt Lilly noch: »Das hat unser Leben gerettet. Da seit längerem geplant war, dass ich am 13. März zu meinem Mann nach Brüssel reisen würde, hatte ich bereits Visum und Bahnkarte und konnte problemlos über die Grenze fahren. Mein Sohn Peter folgte mir später in Begleitung einer Freundin.«

Dass auch Arthur Schnitzlers künstlerischer Nachlass gerettet wurde, ist einem weiteren Zufall zu danken: »Im März '38 arbeitete ein Engländer an der Aufarbeitung der Schriften meines Schwiegervaters. Der junge Mann ließ nun einen Raum im Haus meiner Eltern durch die englische Botschaft versiegeln, dadurch hatten die National-

23

Kannte ihren späteren Schwiegervater seit den Tagen ihrer Kindheit: Lilly Schnitzler.

sozialisten keinen Zutritt.« Schnitzlers Nachlass befindet sich heute an der Universität Cambridge.

Lilly Schnitzler und ihr Mann Heinrich konnten von Belgien über die Schweiz und gemeinsam mit ihrem Sohn Peter in die USA flüchten, wo dann Michael zur Welt kam. Arthur Schnitzlers Villa in der Sternwartestraße war zu diesem Zeitpunkt bereits »arisiert«, sein Werk in Berlin und anderen Städten öffentlich verbrannt worden. »Der Schreibtisch und das Stehpult, an dem seine Stücke entstanden, sind leider verschwunden, diese Einrichtungsgegenstände tauchten bedauerlicherweise auch nach der Nazizeit nicht mehr auf.«

Lilly Schnitzler hat ein wichtiges Kapitel österreichischer Kulturgeschichte miterlebt. Eine alte Dame mit einem phänomenalen Gedächtnis und einer großen Begabung, ihre Erinnerungen auch nach so langer Zeit noch zu schildern. Eine Zeitzeugin, wie man sich's nur wünschen kann.

Mit dem Ausbrecher im Kaffeehaus
Der Wiener Polizeipräsident Josef Holaubek

Als junger Journalist gehörte es zu meinen Aufgaben, in der Redaktion den »Polizeifunk« abzuhören, wie das am Beginn einer solchen Berufslaufbahn durchaus üblich war. »Zentrale an Bertha 1«, vernahm man da in äußerst mangelhafter Tonqualität, »fahren Sie Zentralsparkasse, Filiale Praterstraße, Bankraub gemeldet.« Im Falle einer solchen Durchsage raste man mit einem Fotografen zum Tatort. Auf diese Weise erfuhren wir von Mord, Raub und Eifersuchtsattentaten, über die wir dann, meist in Ein-, Zwei- oder Dreispaltern, berichteten.

Ich versah auch am Nachmittag des 4. November 1971, einem Donnerstag, meinen Dienst am Funkgerät, als es aus diesem in geschraubtem Amtsdeutsch tönte: »Ausbruch dreier Insassen aus Strafanstalt Stein. Die Täter auf dem Wege nach Wien befindlich. Achtung: Machen von Schusswaffe Gebrauch!«

Die Ausbrecher hießen Alfred Nejedly, Adolf Schandl und Walter Schubirsch und erlangten in jenen Tagen eine geradezu sagenhafte Berühmtheit, die bis heute anhält. Sie befanden sich wegen diverser Delikte im Gefängnis, ehe es ihnen damals in der Haftanstalt Stein gelang, zwei Wachebeamten die Pistolen abzunehmen und sie zu fesseln. Wie das Leben so spielt, sollte ich einem der Ausbrecher Jahre danach auf kuriose Weise wieder begegnen.

Vorerst befanden sich die drei Männer auf dem Weg nach Wien, wo sie in den nächsten Tagen – mit insgesamt 13 Geiseln – mehr oder weniger planlos herumfuhren. Und hinter ihnen her ein riesiger Pulk von Schaulustigen, Polizisten, Kameraleuten, Fotografen und Journalisten. Einer dieser Begleiter war ich, als Nachwuchsreporter des *Kurier*. Ich beobachtete, wie sie die Geiseln und Autos wechselten, vom Westbahnhof über die alte Polizeidirektion am Parkring in den siebenten Bezirk fuhren. Und wann immer sich die Möglichkeit ergab, eilte ich zum nächsten Telefonhüttel, um meine Berichte an die Redaktion durchzugeben.

Wie spannend die ganz Österreich in ihren Bann ziehende Geschichte war, zeigt die Tatsache, dass in diesen Tagen an unserem Funkgerät zeitweise kein Geringerer als Hugo Portisch saß, der legendäre Chefredakteur des *Kurier*, der es sich nicht nehmen ließ, den spannenden Krimi live mitzuerleben. Damals erfuhr ich, was es heißt, Journalist mit Leib und Seele zu sein.

Die Ausbrecher waren mit wechselnden Geiseln vierzig Stunden unterwegs, ehe sie vor einem schmucklosen Siedlungshaus in der Siebenbürgerstraße in Kagran anhielten. Dort wohnte einer ihrer Spezis aus der Justizanstalt Stein, dessen Frau samt acht Kindern gerade zu Hause war. Während Schandl einen anderen Fluchtweg eingeschlagen hatte, zogen sich Schubirsch und Nejedly in das Haus zurück, um sich von den Strapazen ihrer bisherigen Tour zu erholen. Die Reporter und Fotografen standen in einiger Entfernung zu den mit schusssicheren Westen geschützten Polizisten und beobachteten die Lage.

Da treffen am frühen Nachmittag mehrere Limousinen in der Siebenbürgerstraße ein. Aus einer steigt Josef Holaubek, damals schon so beliebt, dass er von Nachbarn mit Bravorufen empfangen wird. Der Polizeipräsident geht auf das Reihenhaus zu und ruft durch die Tür, dass er unbewaffnet sei. Und dann noch: »Macht's auf, ihr zwa! Was hat denn das Ganze no für an Sinn?« Nach einer kurzen Pause folgt ein Appell, der Josef Holaubek zu einer Popularität verhilft, wie sie kein anderer Polizeichef je erlangen sollte – und zwar in diesem Wortlaut: »I bin's, der Präsident, der Holaubek – i mach kane Schmäh. Schaut's nach, schaut's durchs Guckerl! Da könnt's sehn, dass i die Wahrheit sag!«

In diesem Moment wird das Haustor von innen geöffnet und Walter Schubirsch erscheint.

»Jetzt kummt's mit und schlaft's euch einmal richtig aus«, sagt Holaubek ganz ruhig. »Morgen werma weitersehn.«

Übermüdet und von zweitägiger Flucht zermürbt, nicht zuletzt aber auch der jovialen Art des Polizeipräsidenten vertrauend, verlässt Walter

»Jetzt kummt's mit und schlaft's euch einmal richtig aus«: Josef Holaubek bei der Festnahme des Walter Schubirsch.

27

Schubirsch das Haus und geht mit erhobenen Händen auf Holaubek zu, der ihn danach der Obhut wartender Polizisten übergibt.

Minuten später lässt sich auch Nejedly widerstandslos festnehmen.

Josef Holaubek wurde in den Tagen danach wie ein Held gefeiert, dem es gelungen war, eine äußerst bedrohliche Situation unblutig zu Ende zu bringen.

Die Aufregung freilich war noch nicht ganz gebannt, da der dritte Ausbrecher, Adolf Schandl, nach wie vor auf der Flucht war. Niemand wusste zu diesem Zeitpunkt, wo er sich aufhielt. In diesem gefährlichen Moment wurde Nejedly aufgefordert, seinen flüchtigen Kumpel zur Aufgabe zu überreden. Und so sprach er auf Drängen der Polizei die folgenden Worte in ein ORF-Mikrofon:

> *Schandl, falls du zufällig zuhörst, möcht i da ins Gewissen reden. Es hat kan Sinn mehr. Adi, stö di, leg die Puffn hin und sag, du bist do. Angst brauchst kane haben. Die Behandlung is in Urdnung, da gib i da mei Wurt drauf. Und der Häfen is gar net so schlecht. Des kummt von mir, von innen. Do möcht i liaba zwanzig Joa no dazua, bevur i an Unschuldigen auf die Nasn leg. Also, i geb da no amoi den Rat, Adi: Gib die Puffn o und hör auf mit dem Ganzen.*

Nejedlys Aufruf wird stündlich in den Radionachrichten gesendet. Aber es sollte zweieinhalb Wochen dauern, ehe Schandl gefasst werden konnte.

Nun waren alle drei hinter Gitter. Der »Ausflug« kam sie teuer zu stehen: Schandl und Nejedly wurden zu je sechzehn Jahren schwerem Kerker verurteilt, Schubirsch zu zwölf Jahren – vermutlich, weil er sich als Erster widerstandslos verhaften ließ.

Viele Jahre später. Mich verband mit dem mittlerweile pensionierten Polizeichef Holaubek durch mehrere Interviews, vor allem aber durch einen Buchbeitrag, den ich für ihn als sein »Ghostwriter« geschrieben hatte, ein fast freundschaftliches Verhältnis. So war's auch nahe liegend, dass ich – aus Anlass seines achtzigsten Geburtstags im Jänner 1987 – eine Artikelserie über die Legende Josef Holaubek schrieb. Und er erzählte mir nun aus seinem aufregenden Leben. Von den Anfängen als Tischler, der in den wirtschaftlich schweren Dreißigerjahren keine Arbeit fand und deshalb auf Feuerwehrmann umsattelte. Aber auch wie er als Sozialdemokrat 1934 im Zuge des Bürgerkriegs festgenommen und von der Berufsfeuerwehr entlassen wurde. Wie man ihn 1939, diesmal durch die Gestapo, ins Polizeigefängnis Rossauer Kaserne sperrte, in der er acht Jahre später als oberster Chef mit allen Ehren empfangen werden sollte. Von seiner abenteuerlichen Flucht von Polen nach Wien, wo er seine Frau und seine kleine Tochter nach all den Jahren wie durch ein Wunder wohlbehalten wieder fand. Wie er nach Kriegsende von Bürgermeister Körner zum Branddirektor der brennenden Stadt Wien ernannt wurde. Und zwei Jahre später von Bundeskanzler Figl zum Leiter der Polizeidirektion. »Hast scho g'hört, a Feuerwehrmann is Polizeipräsident worden«, witzelte man damals. »No, der wird eh net lang bleiben.«

29

Er blieb es ein Vierteljahrhundert und damit länger als jeder andere Polizeichef der Welt.

Josef Holaubek erinnerte sich in seinen Erzählungen, wie schwierig es war, die Exekutive wieder aufzubauen, weil ein

»Der wird eh net lang bleiben«: Josef Holaubek war 25 Jahre lang Polizeipräsident von Wien.

Großteil der jungen Männer im Krieg gefallen war. »Es gab so wenige Leute, dass wir sogar einen Kassenschränker in unseren Reihen hatten.« Er berichtete, wie er sich mit den alliierten Besatzungsmächten herumschlagen musste, um einen neuen Sicherheitsapparat aufzubauen. Und er erzählte von den großen Kriminalfällen seiner Ära, vom »Opernmord«, bei dem im März 1963 die zwölfjährige Ballettelevin Dagmar Fuhrich in einer Dusche im Garderobentrakt der Wiener Staatsoper erstochen wurde. Oder von der schrecklichen Situation, als er bekannt geben musste, dass »ein Mann aus unseren Reihen«, ein Polizeibeamter, als Doppelmörder überführt wurde.

Natürlich kamen wir auch auf den berühmtesten »Fall« zu sprechen – die Verhaftung der Ausbrecher aus der Strafanstalt Stein im Spätherbst 1971. Mit dem Schubirsch, der mittlerweile wieder in Freiheit war und in ein bürgerliches Leben zurückgefunden hatte, sei er noch während dessen

Haftzeit in Verbindung getreten, erklärte Holaubek, und dieser Kontakt sei nach wie vor aufrecht. Und dann sagte er noch in seiner volkstümlichen Art: »Mit'n Schubirsch müss ma uns treffen, auf den bin i stolz, weil er jetzt ein vernünftiges Leben führt.«

Tatsächlich, ein paar Tage später, saßen wir zu dritt im Café Prückel am Wiener Stubenring: Josef Holaubek, Walter Schubirsch und ich.

Die Situation entbehrte nicht einer gewissen Komik: der Polizeipräsident i.R. und der einstige Ausbrecher, der – wie er jetzt erzählte – »damals wirklich ka Waisenknabe« war, im Kaffeehaus. So was gibt's selbst in Wien nicht alle Tage.

»Herr Präsident, Sie haben mir damals das Leben gerettet«, sagte Schubirsch im Café Prückel zu Holaubek. »Nicht, dass ich das Feuer eröffnet hätte, als ich von a paar Dutzend Polizisten eingekreist war, aber zrückgschossen hätt ich schon. Und dann wär's natürlich aus gewesen. Ich war ja furchtbar übernachtig, wir haben inklusive der ganzen Planung eine Woche lang nix gschlafen ghabt. Und in dieser Situation sind Sie gekommen und haben g'sagt: ›I bin's, dei Präsident‹ oder so ähnlich.«

Ja – oder so ähnlich, denn den vieldiskutierten Wortlaut stellte Holaubek jetzt ein für allemal klar: »Ich hab natürlich net ›I bin's, *dei* Präsident g'sagt‹. Sondern ›I bin's, *der* Präsident!‹ Wir waren ja net per du. Aber den Leuten hat's so besser gefallen, und deshalb wird's mir wohl auch so bleiben.«

»Für jeden anderen Polizisten wäre die Sache nach meiner Verhaftung erledigt g'wesen«, setzte Schubirsch seine Erzählung fort, »nicht aber für Sie, Herr Holaubek. Wer macht des schon, dass er einen Verbrecher mehrmals im Gefängnis besucht, Kaffee mitbringt und a Geld schenkt? Und die Briefe, die Sie mir damals geschrieben haben, waren für mich die größte moralische Hilfe …«

Nun unterbrach ihn Holaubek: »Schubirsch – und was haben S' mir versprechen müssen, wie i Sie besucht hab?«

»Dass i nie wieder was anstell!«

Und Walter Schubirsch hat sein Versprechen gehalten. »Der Herr Präsident Holaubek war einer der wenigen, die mir in dera Zeit geholfen haben. Das war schon sehr wichtig für mich. Einfach, weil er mich wie an Menschen behandelt hat.«

»Wie einen Menschen« hat Holaubek den ehemaligen Ausbrecher auch später noch behandelt. Und das brachte mich in eine ungewöhnliche Lage. Es war ein oder zwei Jahre nach dem Treffen im Café Prückel, als der frühere Polizeipräsident bei mir anrief: »Markus, Sie müssen was für den Schubirsch machen.« Dieser hatte während seiner Haft eine Ausbildung als Buchbinder absolviert und nach seiner Freilassung mehrere Jahre als solcher gearbeitet. Da der Posten nun wegrationalisiert wurde, sollte ich mich, da im Zeitungs- und Verlagswesen tätig, bemühen, für ihn Arbeit zu finden. Tatsächlich erkundigte ich mich, aber die Stellensuche fiel genau in eine Zeit, in der Druckereiarbeiter eher abgebaut als gesucht wurden.

»Wissen S' nix anderes für ihn?«, ließ Holaubek nicht locker, und so fragte ich Herrn Schubirsch, ob er mir bei kleineren Arbeiten in meiner damals eben bezogenen Altbauwohnung behilflich sein könnte. Er sagte zu, und das führte zu der bizarren Situation, dass Herr Schubirsch in

Mein lieber Herr Präsident,

ich würde mein Leben gerne lassen, wenn ich das durch alles wieder gut machen könnte. Ich kann es bis heute noch nicht verstehen, daß durch mich so viel geschehen konnte. Bei Gott, warum habe ich nicht auf Sie gehört? Ich weis es nicht! Ich war total verrückt, anders kann ich es mir nicht erklären. Ich habe es nur Ihnen zu verdanken das ich heute noch am Leben bin, wären Sie nicht anwesend gewesen und hätten mir nicht so gut zu geredet, ich hätte mich in meiner Verzweiflung erschossen.

Ihr ergebener Walter Schubirsch

»Ich habe es nur Ihnen zu verdanken, dass ich heute noch am Leben bin«: Schubirsch-Brief an den Polizeipräsidenten Josef Holaubek aus dem Wiener Landesgericht vom 4. Dezember 1971.

einer dicken Wand meiner Wohnung einen Safe einmauerte. Natürlich, wie das in solchen Fällen üblich ist, versteckt hinter einem Ölbild. Als Herr Schubirsch den Tresor zu meiner vollsten Zufriedenheit montiert und mir seine Arbeit gezeigt hatte, fiel mir ein, dass einer der berühmtesten Delinquenten des Landes das Versteck meiner künftigen Wertgegenstände – so ich je welche besitzen sollte – kennen würde.

Diesen Gedanken muss er wohl erahnt haben, und so erklärte er: »I garantier Ihna, dass i nie mehr was anstell, und i kann Ihna auch sagen, warum.« Herr Schubirsch holte ein Foto aus seiner Tasche und fuhr fort: »Des is mei

Tochter, die is jetzt fünf. Glauben S' ma: I könnt kan Tag mehr leben ohne sie. Und des is da Grund, warum i nie wieder in Häfen geh.«

Daran hielt er sich auch. Walter Schubirsch führt seit seiner Freilassung im Jahre 1982 ein makelloses Leben. Und das, obwohl dies mit einem Namen, der auf so spektakuläre Weise bekannt geworden war, nicht immer ganz einfach gewesen ist. Und mein Safe (in den bedauerlicherweise ohnehin nie irgendwelche Wertsachen gelangten) blieb selbstverständlich all die Jahre, in denen er sich an dieser Stelle befand, unberührt.

Während Alfred Nejedly und Adolf Schandl auch in späteren Jahren wieder Haftstrafen antraten, gelang es Walter Schubirsch als einzigem der drei Stein-Ausbrecher, seinen weiteren Lebensweg nachhaltig zu verändern.

Josef Holaubek, der ihm dabei behilflich war, starb am 10. Februar 1999 im Alter von 92 Jahren. Und auch wenn er nicht ganz stimmt: Sein bekanntester Satz wird immer »I bin's, *dei* Präsident« lauten.

Er passt aber auch wirklich sehr gut zu ihm.

EIN BLICK IN DEN PANZERSCHRANK
Wie ich das Geheimrezept der Sachertorte fand

Die Sachertorte

Manchmal muss man hartnäckig sein. Es war im Herbst 1989, da feierte die Frau Sacher ihren einhundertsten Geburtstag. Man bat aus diesem Anlass zu einem kleinen Empfang nach Baden bei Wien, dem Stammsitz der alten Hoteliers- und Tortendynastie. Mein Interesse an dieser Veranstaltung galt weniger Smalltalk, Speis und Trank als der Geschichte der Familie Sacher, vor allem aber: dem Rezept der Sachertorte, das seit jeher in ähnlicher Weise geheim gehalten wird wie die Aufmarschpläne der Vereinigten Staaten von Amerika.

Tatsächlich wollen Generationen von Hausfrauen und Konditoren wissen, wie viel Zucker, Eidotter und Marmelade die weltberühmte Süßspeise benötigt, um ihren unvergleichlichen Geschmack zu erreichen. Bisher vergeblich, weder die Familie Sacher noch die Familie Gürtler, in deren Besitz sich das Wiener Traditionshotel vis-à-vis der Staatsoper seit 1934 befindet, waren bereit, das Rezept aus der Hand zu geben. Und so hat noch nie irgendjemand außerhalb dieser beiden Familien und einiger weniger Mitarbeiter, die unmittelbar mit der Tortenproduktion befasst sind, Einblick in das weltweit bestgehütete Patissier-Geheimnis bekommen.

Auch ich war zunächst chancenlos. Über die Familie Gürtler probierte ich's erst gar nicht, die hatte das allergeringste Interesse, das Geheimnis der Sachertorte zu lüften, stellt doch der Verkauf der edlen Süßspeise einen nicht unwesentlichen Teil ihrer Geschäftätigkeit dar, wobei das Mysterium um das Rezept längst zur bewährten Marketingstrategie gehört.*

Aber auch Frau Carla Sacher hatte an ihrem hundertsten Geburtstag anderes zu tun als sich mit mir über die Zubereitung jener Torte zu unterhalten, die Franz Sacher, der Großvater ihres Mannes, 1832 kreiert hatte. Und ihre bei der Feier anwesende Enkelin Irène Schuler-Sacher lehnte höflich, aber bestimmt ab: »Nein, wir belassen es dabei, das Rezept bleibt im Safe!«

Meine Hartnäckigkeit zog sich in diesem Fall fast zwei Jahrzehnte hin. Frau Carla Sacher ist wenige Monate nach ihrem hundertsten Geburtstag gestorben. Doch ihre Enkelin sah ich in den darauf folgenden Jahren immer wieder durch Zufall, da oder dort, ohne je darauf zu vergessen, »das Rezept« anzusprechen.

Das Jahr 2007 sollte dann ein doppeltes Sacher-Jahr werden, wurde doch einerseits die gleichnamige Torte 175 Jahre alt, andererseits gedachte man auch des einhundertsten Todestages ihres Schöpfers Franz Sacher. Jetzt

---

* Das Hotel Sacher Wien erzeugt jährlich rund 360 000 »Original Sacher-Torten«, von denen ein Drittel in alle Welt versandt wird.

oder nie, dachte ich. Und bat Frau Irène Schuler-Sacher um ein Treffen, das dann im nach wie vor familieneigenen Hotel Sacher in Baden stattfand.

Das nunmehrige Oberhaupt der Familie war durchaus meiner Meinung, dass man das Sacher'sche Jubiläumsjahr nicht sang- und klanglos vorüberziehen lassen sollte. Doch es gäbe nur einen Weg, so erklärte ich, die Öffentlichkeit für das Thema zu interessieren:

Das Rezept!

Immerhin gestand Irène Schuler-Sacher, dass es die Backanleitung in zweifacher Ausführung gäbe – einmal im Sacher in Wien und einmal in Baden – in beiden Fällen hinter dicken Panzertüren versperrt. »Meine Großmutter hat das Rezept 1980 für mich niedergeschrieben«, erzählte Irène und zeigte mir vorerst einen Brief, der dem Rezept beilag:

»Meiner lieben Enkeltochter Irène zur Erinnerung an ihre Omi Sacher. Anbei das Rezept der Sachertorte, wie ich es von der Köchin Marie Lahner gelernt habe.« Marie Lahner war bis zum Tod des Torten-Erfinders Franz Sacher in dessen Diensten und mit der Anfertigung der weltberühmten Torte betraut. Carla war es ab dem Zeitpunkt, da sie im September 1911 in die Sacher-Dynastie eingeheiratet hatte, gestattet, ihr bei der Zubereitung zuzusehen und zu assistieren.

Nun bedurfte es nur noch kleinerer diplomatischer Finessen meinerseits, um Frau Schuler-Sacher zur Öffnung ihres Safes und damit zur Herausgabe des Rezepts zu bewegen. »Es wäre doch wirklich ... Nach so langer Zeit ... Ihre Großmutter hätte sicher nichts dagegen ... Und Franz

Sacher schon gar nicht …« – ich ließ kein Argument aus, das am Zustandekommen des »Projekts Sachertorte« behilflich sein konnte.

Und dann geschah das Wunder. »Also gut«, sagte meine charmante Gastgeberin. Sie erhob sich, entriegelte den großen Metallschrank, entnahm ihm das Schriftstück – und händigte es mir aus.

Und hier ist es, handgeschrieben von Frau Carla Sacher.

Recept Sachertorte:

Zur Masse zwei grosse Torten.
28 dkg Butter oder Rama flaum ig mit 8 Zucker
12 Ei Dotter (wenn keine Eier mehr)
28 erweichte Chocolade jur nicht zu hiß (verliert Aroma)
12 Klar Schnee schlagen, salzen, 20 dkg Zucker zu geben
22 gesiebtes glattes Mehl u. 6 dkg Cacao Stcc.
Eisen Ringe mit Papier umwickeln einfüllen 3/4 Stunden
160-170 Grad backen.
erkalten lassen heraus aus den Ringen
in der Mitte durchschneiden mit warmer Marillen
Marmelade bestreichen zusammensetzen. Obere Seiten
und Mitte mit sehr heisser Marillen Marmelade
bestreichen.
Chocolade Glasur: 1/4 Kilo Chooc zerkleinern, 3 dkg Cacao
1/4 Kristallzucker oder Fondant
Wasserguss machen zum Kleinen Faden
Rippen warm übergiessen.

Carla Sacher

Als ich das Rezept in Händen hielt und gelesen hatte, lieferte mir Frau Schuler-Sacher noch eine Erklärung: »Meine Großmutter hat diese Zeilen im Alter von 91 Jahren niedergeschrieben, weil unser Familiensafe nach dem Krieg von russischen Besatzungssoldaten geplündert und dabei Franz Sachers Rezept vernichtet wurde. Meine Großmutter hielt sich ganz genau an die Angaben, die ihr von der langjährigen Köchin des Sachertorten-Erfin-

Recept Sachertorte:

2er Masse zwei grosse Torten.

28 dkg Butter oder Rama flaumig mit 8 (dkg) Zucker

12 Ei Dotter (wenn kleine Eier) mehr

28 (dkg) erweichte Chocolade ja nicht zu heiss (verliert Aroma)

12 Klar Schnee schlagen, salzen, 20 dkg Zucker zu festem S(ch)nee.

22 (dkg) gesiebtes glattes Mehl u. 6 dkg Cacao

Eisen Ringe mit Papier umwickeln einfüllen 3/4 Stunden 160–170 Grad backen.

erkalten lassen heraus aus den Ringen

in der Mitte durchschneiden mit warmer Marillen Marmelade bestreichen zusammensetzen. Obere Seiten und Mitte mit sehr heißer Marillen Marmelade bestreichen:

Choc(olade) Glasur: 1/4 Kilo Choc(olade) zerkleinern, 3 dek Cacao
1/4 (Kilo) Kristallzucker oder Fondant
1/8 (Liter) Wasser etwas mehr zum kleinen Faden (kochen)
Lippen warm übergiessen.

Carla Sacher

39

ders überliefert worden waren. Damit es nicht verloren geht.«

In einem Punkt irrte sich die Großmama allerdings, erklärt die Enkelin: »Wenn sie schreibt, dass man die Torte auch mit *Rama* zubereiten könne, ist das unrichtig. Weil es 1832, als Franz Sacher die Torte kreierte, noch keine Margarine gab.* Sie beging diesen Fehler wohl, weil die Torte in späteren Jahren fälschlicherweise oft auch mit Margarine zubereitet wurde.«

Irène Schuler-Sacher überreichte mir eine Kopie des Rezepts für »zwei grosse Torten«, inklusive der Zusage, es publizieren zu dürfen. Zum ersten Mal nach 175 Jahren!

Glücklich, es erhalten zu haben, setzte ich mich mit dem Hotel Sacher in Wien in Verbindung, zumal ich wusste, dass die Veröffentlichung der Zubereitungsdaten eine heikle Sache ist. Frau Elisabeth Gürtler, die Prinzipalin des Wiener Sacherhotels, war »not amused«, als ich meinen Fund vorlegte. Und kam zu unserem nächsten Treffen gleich in Begleitung ihres Rechtsanwalts, der erklärte, den Abdruck des Rezepts zwar nicht verhindern zu können, gleichzeitig aber auch den Urteilsspruch des Obersten Gerichtshofs aus dem Jahre 1962 mitbrachte, aus dem hervorging, dass nur der Torte des Wiener Hotels die Bezeichnung *Original Sacher-Torte* zustünde. Daran halte ich mich natürlich auch gerne.

Sacher-Gegner war in dem damaligen Rechtsstreit die k. k. Hof-Zuckerbäckerei Demel gewesen, die für eine

---

* Die ersten Margarineprodukte, auch Kunstbutter genannt, kamen 1871 in Holland auf den Markt, »Rama« (ursprünglich »Rahma«) gibt es seit 1924.

etwas andere Zubereitung der süßen Köstlichkeit bekannt ist. Der wesentliche Unterschied zwischen den beiden Torten besteht darin, dass die von Sacher einmal durchgeschnitten und mit einer Marmeladeschicht versehen wird, die von Demel jedoch nicht.

In diesem Punkt jedenfalls stimmen Sacher-Sachertorte und Gürtler-Sachertorte überein: Beide werden »durchschnitten und mit warmer Marillen Marmelade bestrichen«, wie es uns die Frau Carla Sacher handschriftlich überliefert hat – jene aus Baden ebenso wie die aus Wien.

Und das war auch die große Leistung des Tortenerfinders, aus einer ganz gewöhnlichen – und zu Trockenheit neigenden – Schokoladentorte eine saftige Gaumenfreude zu kreieren. Franz Sacher war gerade 16 Jahre alt, als er die Torte 1832 erfand. Seine Ururenkelin Irène Schuler-Sacher kennt deren Entstehungsgeschichte ganz genau: »Franz Sacher war Kocheleve beim Staatskanzler Fürst Metternich. Als eines Tages die Fürstin mit dem Großteil des Personals inklusive Chefkoch zur Kur in Karlsbad weilte, rief er den einzigen in Wien verbliebenen Küchenjungen zu sich und beauftragte ihn, für seine Gäste ein Abendessen anzufertigen. Und das war der Franz Sacher, der nun ein mehrgängiges Diner zubereitete und zum Abschluss eine Schokoladentorte servierte, die den Fürsten Metternich und seine Besucher begeisterte.«

Später trat Franz Sacher eine Stelle als Fürstlicher Mundkoch bei der Familie Esterházy in Budapest an, ehe er im Revolutionsjahr 1848 nach Wien zurückkehrte und sich selbstständig machte. In Sachers »Erster Wiener Wein- und Delikatessenhandlung mit Tischen«, die Ecke Kärntner-

Das Geheimnis ist die Marmelade: Franz Sacher, Erfinder der heute in aller Welt berühmten Torte.

straße/Weihburggasse etabliert war, ging bald die feine Wiener Gesellschaft ein und aus, man schätzte den Tafelspitz, die Leberknödelsuppe, die warmen Pasteten und das Gulyàs. Zum Verkaufsschlager wurde aber jene Torte, deren Rezept einst beim Fürsten Metternich so großen Anklang gefunden hatte.

Die Wein- und Delikatessenhandlung florierte dermaßen, dass Franz Sacher es sich leisten konnte, für jeden seiner beiden Söhne ein Hotel zu gründen: 1876 für Eduard das Sacher in Wien, fünf Jahre später für Carl das Sacher in Baden.

Während nach Eduards Tod dessen Witwe, die legendäre Zigarren rauchende Anna Sacher (1859–1930), das Wiener Hotel übernahm, ging das Sacher in Baden nach Carls Tod an dessen Sohn Carletto über. Als dieser 1960 starb, trat seine Witwe Carla (1889–1989) die Nachfolge an, die es dann bis in ihr hohes Alter führte. Sie war es auch, die ihrer Enkelin Irène das Rezept hinterließ.

Die Aufregung war groß, als ich das Rezept der Frau Sacher am 8. April 2007 in meiner Kolumne im *Kurier* veröffentlichte. Halb Österreich muss die Torte »nachgebacken« haben, so viele Leute sprachen mich auf den Artikel an, und auf die Internetseite des Blattes gab es tausende Zugriffe. Elisabeth Gürtler lud ein paar Tage später zu einer Pressekonferenz, in der betont wurde, dass es nur eine *Original Sacher-Torte* gäbe, deren Einzigartigkeit dadurch unterstrichen wurde, dass man Opernstar Montserrat Caballé einflog, die vor laufenden Kameras ein Stück der Kalorienbombe anschnitt.

»Das Geheimnis der Torte liegt in der Marmelade und in der Glasur«, erklärte mir indes der Sacher-Patissier in Baden. »Die Marillenmarmelade gibt die gewisse Säure als idealen Kontrast zur süßen Schokolade. Und die relativ weiche Glasur wird durch eine geringere Zuckermenge erreicht. Der Sachertorte aus Baden ist etwas mehr Marillenmarmelade beigemengt als der aus Wien. Wir in Baden halten uns jedenfalls weitestgehend an das von Carla Sacher überlieferte Rezept Franz Sachers.«

Stellt sich nur noch die Frage, welche die beste aller Sachertorten ist. Friedrich Torberg fand einen listigen Ausweg, um sie zu beantworten. Als der Oberste Gerichtshof entschieden hatte, dass nur das Wiener Sacher seine Süßspeise *Original Sacher-Torte* nennen dürfe, nicht jedoch die Konditorei Demel, gelangte Torberg zu dem Schluss: »Solange es bei Sacher noch den unvergleichlichen Tafelspitz gibt und bei Demel noch die unvergleichliche Crème du Jour, solange Sacher noch der Demel unter den Restaurants ist und Demel noch der Sacher unter den Konditoreien, sollten sie einander nicht ein Etikett streitig machen, das entweder beiden gebührt oder keinem. Möge ihnen dieser Appell zu Herzen gehen. Er kommt aus denkbar objektivster Quelle. Er kommt von einem, dem die Sachertorte in beiderlei Gestalt, mit Marmelade wie auch ohne sie, überhaupt nicht schmeckt.«

Bei mir ist die Sache hingegen ganz anders gelagert. Mir schmeckt die Sachertorte leider in jedweder Gestalt ganz ausgezeichnet.

Beim Demel.

Beim Sacher in Wien.

Und beim Sacher in Baden.

Am allerbesten mit Schlag.

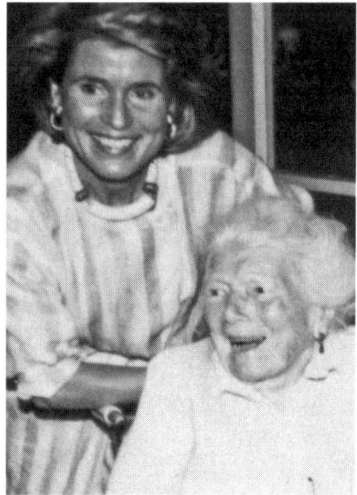

Irène Schuler-Sacher – hier mit ihrer Großmutter Carla Sacher an deren hundertstem Geburtstag – vertraute mir das Rezept der Sachertorte an.

44

»BUAM, DES IS GAR KA REVOLUTION«
Begegnungen mit Bruno Kreisky

Sagen Sie, haben Sie eine Großmutter, die aus Trebitsch stammt?«, fragte der alte Herr.

Und ich antwortete ehrfurchtsvoll: »Ja, Herr Bundeskanzler, meine Großmutter …«

»Sie hieß Ida Ornstein, ich kann mich noch gut an sie erinnern«, erwiderte er, »wir nannten sie Tante Ida, meine Mutter war mit ihr befreundet.«

Ich wusste das natürlich, noch aus den Erzählungen meiner Großmutter, war aber erstaunt, dass Bruno Kreisky das wusste. Damals, in den Siebzigerjahren, als ich ihm zum ersten Mal begegnete. Ich war ein junger Journalist, er der österreichische Regierungschef und auf dem Wege eine Legende zu werden.

Kreisky hatte die einzigartige Gabe, jedem, mit dem er sprach, den Eindruck zu vermitteln, ihn gut zu kennen. Als ich ihn einmal mit anderen Journalisten nach Graz begleitete, beobachtete ich, wie er gleich beim Einsteigen ins Flugzeug die Stewardess fragte, ob die Verletzung an ihrer Hand, seit er letztens mit ihr geflogen war, schon verheilt sei und ob sie mit dem Arzt zufrieden gewesen ist, den er ihr empfohlen hatte.

Er stand ja auch im Telefonbuch und wurde tatsächlich einmal von jemandem angerufen, in dessen Haus es wegen einer schadhaften Dachrinne hereinregnete. Kreisky verständigte die örtliche Feuerwehr und schickte diese zu dem Mann. Ein anderer Bürger, dessen Auto abgeschleppt wurde, wandte sich in seiner Not an Kreisky, weil sich in dem Wagen die Wohnungsschlüssel befanden. Auch ihm konnte der Kanzler helfen.

Ich war einmal spätabends in der *Kurier*-Redaktion am Apparat, als Kreisky sich wegen eines kranken Hundes meldete, von dem er gelesen hatte, und er wollte wissen, ob er da irgendwie behilflich sein könnte.

Ich sollte mit Kreisky noch öfter zusammentreffen, meist aus beruflichen Gründen, aber es blieb nie bei einem Thema. Er kam gern vom Hundertsten ins Tausendste und dabei konnte man ihn in der ganzen Vielfalt seiner – in sich auch widersprüchlichen – Persönlichkeit beobachten. Beeindruckend war, was er als Zeitzeuge zu sagen hatte. In den Achtzigerjahren erzählte er mir in einem langen Gespräch aus seinem Leben. Im Gegensatz zu anderen Politikern verwendete er nie irgendwelche Worthülsen, er sprach immer als Mensch.

Eine Begebenheit zeigt, dass er als siebenjähriger Knirps bis zu einem gewissen Grad politisch dachte und damals schon ein »Roter« werden wollte. »Wir haben auf der Schönbrunner Straße gewohnt«, erinnerte er sich, »und da gab's einen Beserlpark, in dem ich immer mit meinen Freunden gespielt hab. Als die Monarchie zusammenbrach, durften wir plötzlich im Rasen herumlaufen, was bis dahin streng verboten war, denn in unserer Nähe wohnte ein christlichsozialer Gemeinderat, der uns an den Ohren gezogen hat, wenn er einen im Gras erwischte. Nach Ausrufung der Republik kam der nicht mehr, und

»Da gab's einen Beserlpark, in dem ich immer mit meinen Freunden gespielt hab«: Bundeskanzler Bruno Kreisky.

da haben wir natürlich gleich im Gras gespielt. Aber dieser paradiesische Zustand dauerte nur einen Tag, dann war schon die Schutzwache da und hat uns wieder vom Rasen gestampert. Da hab ich zu meinen Freunden gesagt: ›Buam, ich glaub, des is gar ka Revolution.‹«

Mit dem »Beserlpark« – er heißt heute Bruno-Kreisky-Park – verband ihn eine weitere Erinnerung aus seiner Kindheit: »Am Eingang des Parks beginnt die Sankt-Johann-Gasse, durch die mein Schulweg führte. Ich gehe heute noch mit großem Unbehagen durch diese Gasse, weil es im Hochparterre kaum einen Hausmeister gibt, dem ich beim Fußballspielen nicht die Fensterscheiben eingeschlagen habe.«

Als der alte Mann zurückblickte, wirkte er ganz jung, und seine Augen glänzten wie die eines Lausbuben, der gerade wieder mit einem »Fetzenlaberl« zugeschlagen hatte. Wir saßen im Wohnzimmer seines eleganten, aber schlicht möblierten Hauses in der verschwiegenen Armbrustergasse in Wien-Döbling. Man betrat die einstöckige Jahrhundertwende-Villa durch einen kleinen Vorgarten und wurde dann von dienstbaren Geistern in den Salon geführt, in dem man auf einem feuerroten, ein bisserl kitschig-geblümten Sofa neben dem Hausherrn Platz nahm. Umgeben war die Sitzgruppe von einer großen Bibliothek mit dem Schwerpunkt – na klar: Außenpolitik. An den buchfreien Wänden hingen Bilder von Wotruba, Max Ernst, Korab und Miró.

Kreisky war damals nicht mehr Kanzler, er trug einen weißen Bart und war nach einer Nierenoperation gesundheitlich angeschlagen. Aber erzählen konnte er immer noch wie kein anderer. Er kam an diesem Nachmittag noch einmal auf seine und meine Familie in dem mährischen Städtchen Trebitsch zu sprechen. »Meine Mutter und Ihre Großmutter«, sagte er, »stammten beide aus Familien mit jeweils sechzehn Kindern, das war selbst in der damaligen Zeit außergewöhnlich. Meine Verwandten in Trebitsch hießen Felix und hatten eine Likör- und eine Konservenfabrik, die Ornsteins besaßen eine Kaffeebrennerei. Beide Familien wohnten in benachbarten Bürgerhäusern am Trebitscher Karlsplatz.«

Ganz unpolitisch konnte er auch in einer so privaten Konversation nicht sein. »Meine Familie«, erklärte er, »hat sich zum jüdischen Glauben bekannt, umso dümmer sind die Vorwürfe, die manchmal gegen mich erhoben wurden, weil ich angeblich versucht hätte, mich meines Judentums zu entledigen. Das Judentum ist Teil meines Wesens und meines Charakters, etwas anderes habe ich nie behauptet, es wäre auch lächerlich gewesen.«

Im Herbst 1989, im letzten Jahr seines Lebens, stattete ich ihm einen weiteren Besuch ab, diesmal, weil ich ein Buch mit dem Titel *Mein Elternhaus* in Planung hatte, in dem bekannte Österreicher sich ihrer Vorfahren erinnern sollten. Er wirkte gebrechlicher als bei den Begegnungen davor, war im Gespräch aber rege und lebendig wie eh und je. Der Tod seiner Frau Vera, seine eigene Krankheit und auch die von ihm als ungerecht empfundene Kritik an seiner Regierungszeit machten ihm sichtlich zu schaffen. Polarisiert hatte er immer schon. Während Henry Kissinger ihn als »zu groß für Österreich« bezeichnete, war er für Thomas Bernhard ein »selbstgefälliger, kostspieliger Staatsclown«.

In seinem Buchbeitrag beschreibt Kreisky dann, dass nahe dem Haus seines als geschäftstüchtig bekannten Großvaters in Trebitsch das Schloss der Grafen Waldstein lag: »Eine alte Gräfin Waldstein hat mir einmal erzählt, dass ihr Vater Leute auf einem Turm postiert hatte, die ihm mitteilen mussten, wann mein Großvater zu seinem abendlichen Spaziergang sein Haus verließ. Dann hat sich der Graf aufgemacht, um ihm zufällig zu begegnen, weil er wissen wollte, wie die Kurse an der Börse in Prag notierten.«

Die Grafen Waldstein waren beileibe nicht die einzigen Aristokraten, die in Kreiskys Erzählungen vorkamen. Einerseits schien ihn diese Welt, trotz der ideologischen Kluft, die ihn von ihr trennte, zu faszinieren, andererseits fühlten sich auch Angehörige des Adels oft zu ihm hingezogen. Dabei haben seine großbürgerliche Herkunft und das Miterleben des Umbruchs im Jahre 1918 sicher eine große Rolle gespielt. So erwähnte er einmal, wie sehr seine Volksschullehrerin, die Tochter eines geadelten Beamten, darunter litt, als sie nach dem Ende der Monarchie ihren Titel ablegen musste. »In den ersten beiden Jahren meines Schullebens hieß sie noch Fräulein Helene von Valcic, dann musste der Titel plötzlich wegbleiben«, sagte Kreisky. »Die Deutschen haben es viel klüger gemacht und das Adelsprädikat zu einem Teil des Namens erhoben. Mich hätte das ›von‹ in Österreich nicht gestört. Wenn nur sonst dem Gleichheitsbegriff der Demokratie in der Ersten Republik stärker Rechnung getragen worden wäre.«

Die schönste Geschichte, die Kreiskys Verhältnis zur Aristokratie dokumentiert, hat mir mein Freund Peter Weiser erzählt: Einer von Kreiskys Sekretären im Bundeskanzleramt – er hieß Lukas Beroldingen und stammte aus einer ehemals gräflichen Familie – betrat das Büro des Kanzlers und teilte ihm mit: »Herr Bundeskanzler, heut Nachmittag ist der Kari Schwarzenberg zu einem Besuch bei dir angemeldet. Ich möchte dich, weil du ihn immer als ›Prinz Schwarzenberg‹ ansprichst, darauf aufmerksam machen, dass sein Onkel Josef, der Chef des Hauses Schwarzenberg, vorgestern verstorben ist. Damit hat Kari seine Stellung als Oberhaupt der Familie übernommen, er trägt also jetzt den Titel ›Fürst‹.«

Kreisky hörte sich den Hinweis in aller Ruhe an und brummte: »In Österreich wurde der Adel am 12. November 1918 abgeschafft. Für mich bleibt er Prinz!«

Auf dem feuerroten Sofa von Kreiskys Wohnzimmer in der Armbrustergasse wurde einst Weltpolitik geschrieben. Willy Brandt war da und Olof Palme und Yassir Arafat. Aber auch Leonard Bernstein, Alfred Hitchcock und Oskar Kokoschka. Kokoschka freilich war hier nicht nur auf Besuch, sondern auch polizeilich gemeldet. Und das führt uns zu einer weiteren Geschichte, wie sie nur von einer Persönlichkeit mit der menschlichen Breite eines Bruno Kreisky ausgehen kann. Kokoschka war, als die Nazis seine Kunst für »entartet« erklärten, nach London geflüchtet und hatte damit automatisch die österreichische (beziehungsweise deutsche) Staatsbürgerschaft verloren.

Als er nach dem Krieg wieder Österreicher werden wollte, teilte man dem inzwischen weltberühmt gewordenen Maler mit, dass die Rückgabe der Staatsbürgerschaft nur dann möglich sei, wenn man in Österreich einen ordentlichen Wohnsitz hätte. Und den hatte der nun in der Schweiz lebende Kokoschka nicht. Er weigerte sich auch, eine Wohnung zu mieten oder einen Antrag auf Einbürgerung zu stellen, weil er es als unwürdig empfand, um etwas bitten zu müssen, was man ihm 1938 geraubt hatte.

Der Bundeskanzler erfuhr davon und suchte einen Ausweg. Er fand ihn, indem er die »Lex Kokoschka«, wie er sein Vorgehen selbst nannte, schuf. Und so füllte Kreisky am 4. März 1974 persönlich einen Meldezettel aus, lautend auf den Namen Oskar Kokoschka. Als Adresse gab der Regierungschef seine eigene Privatanschrift, Armbrustergasse Nr. 15, an.

Und wirklich, wenige Tage später wurden dem Künstler die Dokumente zur Verleihung der österreichischen Staatsbürgerschaft zugestellt. Kokoschka war wieder Österreicher.

Im Frühjahr 1990 übergab Kreisky mir in eben diesem Haus seinen zwölf Seiten langen Beitrag zu dem Buch *Mein Elternhaus*. Zur Präsentation im Herbst konnte er nicht mehr kommen, er war am 29. Juli 1990 verstorben.

Während seines Begräbnisses stand ich als Berichterstatter am Grab des früheren »Sonnenkönigs«, und mir fiel ein, wie er einmal erzählt hatte, dass er als Fünfjähriger auf der Mariahilfer Straße im Spalier gestanden war, als der Leichnam Kaiser Franz Josephs an ihm vorbeizog. »Es war ein eiskalter, grausiger Herbsttag, und wir froren entsetzlich«, hatte er sich an diesen, für die österreichisch-ungarische Monarchie denkwürdigen Tag erinnert. Und jetzt, ein Dreivierteljahrhundert später, verabschiedete sich die Republik von ihrem längstdienenden Regierungschef.

Diesmal war's ein kühler, regnerischer Sommertag.

»MAYERLING WAR NIE EIN THEMA«
Zum Tee bei Kronprinz Rudolfs Urenkel

Kronprinz Rudolf

Eigentlich dachte ich, ich wäre der einzige, den Kreisky nach seiner Großmutter gefragt hatte. Bis ich einem Herrn begegnete, dem Ähnliches widerfahren war. Allerdings hat dieser einen imposanten Stammbaum vorzuweisen: Kaiser Franz Joseph war sein Ururgroßvater und Kronprinz Rudolf sein Urgroßvater. Als ich einmal mit meiner Frau bei Otto Windisch-Graetz und seiner Gemahlin zum Tee geladen war, kamen wir irgendwie auf Bruno Kreisky zu sprechen, den Windisch-Graetz – der einst Fotograf war – des Öfteren porträtiert hatte. Nun erwähnte ich, dass Kreisky mich jedes Mal, wenn ich ihn traf, nach meiner Großmutter fragte. Da erwiderte Otto Windisch-Graetz: »Mich auch nach meiner!«

Die hat eine erstaunliche Geschichte aufzuweisen – zu der wir noch kommen werden.

Otto Windisch-Graetz weint der angeblich guten, alten Zeit trotz seiner Herkunft keine Träne nach, sondern bewahrt sich ein liebevoll distanziertes Verhältnis zu seinen Ahnen. Als ich im Hause Windisch-Graetz besagten Tee einnahm, versprach ich mir, Aufschlussreiches über Österreichs ehemaliges Herrscherhaus zu erfahren. Man sollte doch meinen, dass einer, der dem »alten Kaiser« in direkter Linie folgt, familienintern ausreichend mit Informationen versorgt worden sei.

Oh, konträr!

»Über historische Themen wurde bei uns nie gesprochen. Weder Mayerling noch der Zusammenbruch der Monarchie waren je ein Thema.« Dabei hätte es jede Möglichkeit zur Aufarbeitung der Geschichte gegeben, ist Otto Windisch-Graetz, Jahrgang 1928, doch noch einigen wichtigen Zeitzeugen des 20. Jahrhunderts persönlich begegnet. »Ich bin auf den Knien meiner Urgroßmutter Stephanie – der Witwe Kronprinz Rudolfs – gesessen und habe sie als reizende alte Dame in Erinnerung behalten. Als sie starb, war ich siebzehn. Aber Mayerling hat sie nie erwähnt.«

»Über historische Themen wurde bei uns nie gesprochen«: Otto Windisch-Graetz, 1934, mit seiner Urgroßmutter Stephanie, der Witwe des Kronprinzen Rudolf.

Wie seine Klassenkameraden hat Otto Windisch-Graetz Näheres über Glanz und Elend des Hauses Habsburg erst im Geschichtsunterricht am Gymnasium gehört. »Und ich war baff, als ich dort erfuhr, was sich da alles zugetragen hat.«

Nun fragte ich Herrn Windisch-Graetz, ob er wenigstens von seiner Großmutter, der »roten Erzherzogin«, historisch Relevantes erfahren hätte. War er doch immerhin fünfunddreißig, als sie 1963 starb.

»Nein, auch sie hat nie über ihren Vater, den Kronprinzen, oder andere Familieninterna gesprochen. Ich weiß nur, dass sie ihn sehr geliebt hat. Meine Großmutter vermittelte den Eindruck, als hätte sie mit dem Haus Habsburg nichts zu tun gehabt.«

Das sehr österreichische Phänomen des Verdrängens hat also offensichtlich auch vor dem Kaiserhaus nicht Halt gemacht.

Dass Elisabeth »die rote Erzherzogin« genannt wurde, war wohl auch der Grund, warum Bruno Kreisky sich bei ihrem Enkel nach ihr erkundigte. »Kreisky hatte sie in den Zwanzigerjahren noch kennen gelernt und war tief beeindruckt, dass eine Angehörige des Hauses Habsburg Sozialdemokratin geworden ist«, erklärte Otto Windisch-Graetz.

Ich habe der »roten Erzherzogin« in meinem Buch *Kriminalfall Mayerling* ein Kapitel gewidmet, das ihr ganzes Drama beschreibt. Sie war fünf Jahre alt, als ihr Vater Selbstmord beging, und fiel – diesem in gewisser Weise nachgeratend – schon als Kind durch ihren ausgeprägten Oppositionsgeist auf. Tatsächlich bestand sie mit neunzehn darauf, den Prinzen Otto Windisch-Graetz zu heiraten – doch glücklich konnten die beiden nicht werden.

Denn als Elisabeth sich den blendend aussehenden Aristokraten in den Kopf setzte, war der nicht bereit, seine Verlobung mit einer anderen Frau, zu der er eine innige Beziehung hatte, zu lösen. Windisch-Graetz teilte das in

Stammbaum der Familien
Habsburg und Windisch-Graetz

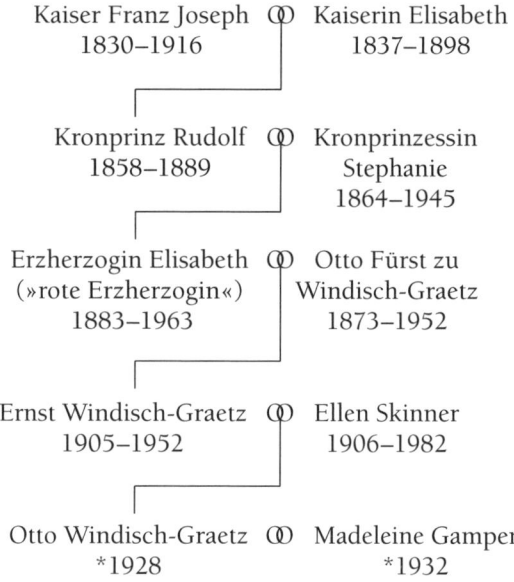

Kaiser Franz Joseph ⚭ Kaiserin Elisabeth
1830–1916 1837–1898

Kronprinz Rudolf ⚭ Kronprinzessin
1858–1889 Stephanie
1864–1945

Erzherzogin Elisabeth ⚭ Otto Fürst zu
(»rote Erzherzogin«) Windisch-Graetz
1883–1963 1873–1952

Ernst Windisch-Graetz ⚭ Ellen Skinner
1905–1952 1906–1982

Otto Windisch-Graetz ⚭ Madeleine Gamper
*1928 *1932

einer Audienz dem Kaiser mit, der nach dem Tod des Kronprinzen die Vormundschaft seiner Enkelin übernommen hatte. Und Franz Joseph war nicht unglücklich darüber, dass Windisch-Graetz sich weigerte, seine Enkelin zu heiraten, da er für diese einen »ebenbürtigen Ehemann« aus einem herrschenden europäischen Geschlecht vorgesehen hatte.

Als Franz Joseph seiner Enkelin eröffnete, dass Prinz Windisch-Graetz einer anderen versprochen sei, verfiel diese in einen Weinkrampf und drohte dem Kaiser: »Mein Vater hat es vorgezogen, eher zu sterben als seine Liebe zu verraten, ich bin wie er, auch ich fürchte den Tod nicht. Ich

56

werde ihm meine Jugend opfern, nur er kann mich vom Schmerz befreien.«

Es war eine Drohung, aus der es für Franz Joseph nach allem, was geschehen war, keinen Ausweg gab. Er ließ Windisch-Graetz neuerlich kommen und teilte ihm mit, dass seine Enkelin keinerlei Widerspruch hinnehmen würde.

»Als Ihr Kaiser und oberster Kriegsherr befehle ich Ihnen, meine Enkelin Erzherzogin Elisabeth Marie von Habsburg-Lothringen zu heiraten.«

Dem Ulanenoffizier blieb nichts anderes übrig als die Hacken zusammenzuschlagen und »Jawohl, Majestät!« zu sagen.

Und damit war die nächste Tragödie im Hause Habsburg vorprogrammiert. Elisabeth schenkte Otto Windisch-Graetz, den der Kaiser vor der Hochzeit schnell noch in den Fürstenstand erhob, vier Kinder. Nach dreijähriger Ehe

kam es zum Eklat, als sie ihren Mann in flagranti in den Armen der Opernsängerin Marie Ziegler erwischte. Elisabeth nahm eine Pistole, richtete sie gegen die Rivalin und drückte ab, wobei die Geliebte ihres Mannes erheblich verletzt wurde.

Ein Jahr lang konnte die Aufsehen erregende Geschichte, der zufolge nun auch die Tochter des

»Mein Vater war der Kronprinz Rudolf, mein Großvater der Kaiser Franz Joseph«: Elisabeth, die »rote Erzherzogin«.

57

Kronprinzen auf einen Menschen geschossen hatte, von den k. u. k. Zensurbehörden unterdrückt werden. Erst im Oktober 1906 gab Marie Ziegler einer amerikanischen Zeitung ein Interview, in dem sie vom Eifersuchtsattentat der Kaiserenkelin erzählte, worauf der Artikel auch von österreichischen Zeitungen zitiert wurde.

17 Jahre später, als ihr Großvater Franz Joseph tot und die Monarchie zusammengebrochen war, wurde Elisabeths Ehe mit dem Fürsten Otto Windisch-Graetz geschieden. Sie heiratete später ihren Lebensgefährten Leopold Petznek, einen sozialdemokratischen Lehrer und Politiker. Als sie im Bürgerkrieg 1934 von der Polizei festgenommen und nach ihren persönlichen Daten gefragt wurde, gab sie zu Protokoll: »Mein Vater war der Kronprinz Rudolf, mein Großvater der Kaiser Franz Joseph. Wollen Sie noch etwas wissen?«

Zurück zum Tee mit ihrem Enkel Otto Windisch-Graetz. Dieser erzählte nun, wie er über seine berühmten Vorfahren dachte: Seinen Ururgroßvater Kaiser Franz Joseph etwa sieht er »als integre, jedoch autoritäre Persönlichkeit. Er war charakterlich einwandfrei, regierte aber starr, ohne die Zeichen der Zeit zu erkennen. Er meinte, wenn man die Augen schließt, dann wird schon nichts passieren.«

Kaiserin Elisabeth hält er für eine »schöne, ichbezogene, schwierige Person, die sich wenig um ihren Mann und ihre Kinder gekümmert und viel dazu beigetragen hat, dass es zu all den Katastrophen gekommen ist.«

An Kronprinz Rudolf gefällt dessen Urenkel, »dass Josef II. sein Vorbild war, der auch meinem liberalen Weltbild nahe kommt. Rudolf hat erfasst, dass gewisse Hofkreise einen schlechten Einfluss auf seinen Vater hatten. Ich weiß nicht, ob er in der Lage gewesen wäre, die Monarchie zu retten. Vermutlich hätte das Franz Ferdinand eher geschafft, der hatte die härtere Hand.«

»Meine Großmutter«, berichtete Otto Windisch-Graetz weiter, »galt noch in der Ersten Republik als reichste Frau Österreichs, sie hatte vom Kaiser und vom Kronprinzen ein beachtliches Vermögen geerbt, doch davon ist nichts geblieben. Die Windisch-Graetz-Villa in Hütteldorf ging an die Stadt Wien, die wertvolle Bildersammlung ans Kunsthistorische Museum. Ich habe nur noch ein paar persönliche Erinnerungsstücke: ein Milchkännchen vom Kronprinzen und eine Teekanne Elisabeths.«

»Geblieben sind ein Milchkännchen und eine Teekanne«: Otto Windisch-Graetz und seine Frau Madeleine in ihrer Wiener Wohnung.

Amüsiert erzählt Otto Windisch-Graetz, dass sich seine Großmutter als bekennende Sozialdemokratin doch nicht ganz von ihrer höfischen Erziehung lösen konnte: »Als einmal jemand, der noch seinen Mantel anhatte, ihren Salon betrat, um sie zu begrüßen, war sie außer sich, weil der so gegen die Etikette verstoßen hatte, das hat sie fürchterlich aufgeregt. Ihre Einstellung zu Fragen des Anstands und der Formen war halt doch noch überlagert von dem Milieu, in dem sie groß geworden ist.«

Herr Windisch-Graetz — einst wäre er Prinz gewesen — und seine Frau Madeleine haben insgesamt neun Kinder und 18 Enkel, die alle »bürgerlich aufwachsen«.

Das Leben freilich schlägt manchmal sonderbare Kapriolen. Lange bevor ich Otto Windisch-Graetz kennen lernte, schrieb ich ein Buch über den *Fall Redl*, im Zuge dessen ich auch die Wiener Wohnadresse erwähnte, an der Österreichs berühmtester Spion gelebt hatte.

Schier unglaublich ist's aber, dass Otto Windisch-Graetz heute im Haus Wickenburggasse 10, im dritten Stock, auf Tür Nr. 13 wohnt. Und damit exakt in jener Wohnung, in der Oberst Redl bis knapp vor seinem erzwungenen Selbstmord im Jahre 1913 logiert hatte. Der Nachfahre Kaiser Franz Josephs lebt also in den Räumen jenes Agenten, der mit seinem Verrat militärischer Geheimnisse an den Kriegsgegner Russland einiges dazu beigetragen hat, das Ende der österreichisch-ungarischen Monarchie zu beschleunigen.

Womit wir schon beim nächsten Kapitel angelangt wären.

Die letzten Zeitzeugen …
… im Spionagefall Redl

Als ich 1984 an dem erwähnten Buch über den *Fall Redl* schrieb, suchte ich nach möglichen Zeitzeugen, die den Spion Alfred Redl noch gekannt haben oder etwas Persönliches über ihn wissen könnten. Was natürlich nach so langer Zeit eine große Herausforderung darstellt. Jedenfalls nahm ich, als ich erfuhr, dass Redls Brüder – allesamt angesehene Offiziere und höhere Ministerial-

Alfred Redl

beamte – nach Auffliegen der Affäre ihren Namen amtlich auf »Renolt« hatten ändern lassen, das Wiener Telefonbuch zur Hand. Und fand darin Frau Hedy Renolt, 1010 Wien, Opernring 6.

Ja, bestätigte eine ältere Dame am Telefon, ihr verstorbener Mann sei Redls Neffe gewesen, was sie allerdings selbst erst nach dreißigjähriger Ehe erfahren hatte: »Auf der Suche nach einem Dokument fiel mir die Geburtsurkunde meines Mannes in die Hände. Und darauf stand ›Redl‹. Mein Mann erklärte mir daraufhin, dass sich die ganze Familie im Jahre 1913 infolge der Schande, mit dem Spion verwandt zu sein, umbenannt hatte. Die Schmach war so groß, dass mir mein Mann seine eigene Herkunft erst nach so langer Zeit gestanden hat. Und auch nur, weil ich durch Zufall auf seinen wahren Namen gestoßen war.«

Ich vereinbarte ein Treffen mit Frau Renolt, da sie mir noch die eine oder andere Episode, die sie über Redl und seine Familie erfahren hatte, erzählen wollte. Ich stand zur vereinbarten Stunde an ihrer Wohnungstür am Opernring und läutete. Niemand öffnete. Ich fragte die Nachbarin, ob sie wüsste, wo die Frau Renolt …

»Ach, die Frau Renolt«, sagte sie, sichtlich unter Schock stehend, »da haben S' ein Pech, die ist heut früh vor dem Haus von der Tramway niederg'führt worden. Sie war auf der Stelle tot.«

Mehr als sieben Jahrzehnte waren seit Bekanntwerden des Spionagefalls Redl vergangen. Und gerade an jenem Tag, da die letzte Familienangehörige vielleicht ein wenig Licht ins Dunkel hätte bringen können, war diese tragisch verunglückt.

Eine weitere Quelle sollte sich als überaus ergiebig erweisen. So kam ich mit General Emil Spannocchi, Österreichs langjährigem Armeekommandanten, in Kontakt, den eine familiäre Konstellation ganz anderer Art mit dem Spionagefall verband.

Alfred Redl war seit dem Jahr 1902, als er infolge seiner homosexuellen Neigungen vom russischen Geheimdienst *Ochrana* erpresst wurde, gegen fürstliches Honorar als russischer Spion tätig gewesen. Interessanterweise ist in all den Jahren keinem seiner Vorgesetzten in Wien aufgefallen, dass Redl, der aus kleinen Verhältnissen stammte und über ein eher bescheidenes Salär als Offizier verfügte, ein unglaublich aufwendiges Leben führte. Er besaß eine elegante Stadtwohnung – jene, in der jetzt des Kaisers Ururenkel wohnt –, Antiquitäten, ein herrschaftliches Gut mit Reitpferden, und er fuhr teure Autos.

Dabei wäre Oberst Redl vier Jahre vor seiner Enttarnung um ein Haar aufgeflogen. Die Geschichte, warum das nicht geschehen ist, liest sich wie ein Krimi, dessen Klärung nur mit Hilfe des Generals Emil Spannocchi zu schaffen war. Ich traf ihn, nachdem ich erfahren hatte, dass im Wiener Kriegsarchiv die Tagebücher seines Onkels, Lelio Graf Spannocchi, lagerten. Und bat den General, mir Einblick in die immer noch zur Veröffentlichung gesperrten Aufzeichnungen zu gewähren. Emil Spannocchi war sofort einverstanden, zumal es, wie er meinte, ohnehin höchst an der Zeit sei, diesen Fall restlos aufzuarbeiten: »Denn der Skandal ist in meinen Augen noch viel schlimmer als allgemein bekannt ist.«

»Es ist höchst an der Zeit, den Fall Redl restlos aufzuarbeiten«: General Emil Spannocchi.

Sein Onkel, Major Lelio Spannocchi, war zu Redls Zeiten österreichisch-ungarischer Militärattaché in Russland und hielt alles, das er dort erlebt hatte, in Tagebüchern und Berichten mit minutiöser Genauigkeit fest. Spannocchis Aufzeichnungen ist zu entnehmen, dass er im Winter 1909 drauf und dran war, die Spionagetätigkeit Alfred Redls zu entlarven. Doch eine sehr österreichisch anmutende Mischung aus Schlamperei und Intrigantentum verhinderte diesen Plan, der den weiteren Verrat militärischer Geheimnisse unmittelbar vor Ausbruch des Ersten Weltkriegs verhindern hätte können.

Der Militärattaché Spannocchi stand kurz vor Antritt eines vierzehntägigen Heimaturlaubs, als er zum ersten Mal mit dem Fall Redl konfrontiert wurde, wie einer Eintragung im Tagebuch zu entnehmen ist. »Vor meiner Reise nach Wien«, notiert er am 3. Februar 1909, »sollte ich noch ein Erlebnis haben, das mich in große Unruhe versetzte. Am Nachmittag traf ich den englischen Militärattaché Colonel Guy Wyndham, dem ich mich in St. Petersburg freundschaftlich angeschlossen hatte.« Bei dieser Gelegenheit erfuhr Spannocchi, »dass in Wien ein hochrangiger Generalstabsoffizier sitzt, der den Russen alles gibt, was sie wünschen«.

In Wien angekommen, wollte Spannocchi diesen Vorfall sofort Oberst Eugen Hordlicka, dem Chef des für Spionagefragen zuständigen Evidenzbüros, melden. Tagebucheintragung vom 11. Februar 1909: »Wider Erwarten bereitete mir Oberst Hordlicka einen sehr üblen Empfang. Er sagte mir: ›Ich bitte, durch solche Tatarenmeldungen bei uns nicht Unruhe zu erzeugen. Bitte zu bedenken, wie unser Generalstab dastünde, wenn der Kaiser von dieser Meldung und allenfallsigen Recherchen in dieser Sache Kenntnis erhalten sollte. Das ist nicht auszudenken. Solche Meldungen darf man nur bringen, wenn man positive Beweise in Händen hat.‹«

Spannocchi ließ nicht locker und betonte, dass er notfalls bis zum Kriegsminister gehen würde, um eine Überwachung des Generalstabs zu veranlassen. Nun lenkte Hordlicka ein und »forderte mich auf, zu seinem Stellvertreter zu gehen, dem er den Auftrag geben würde, meiner Meldung nachzugehen. Dieser würde die nötigen Erhebungen betreiben.«

Und damit kommen wir zur dramatischen Pointe der Geschichte: Hordlickas Stellvertreter war – Alfred Redl.

Man stelle sich vor: Major Spannocchi war dem größten Spionagefall in der Geschichte der Monarchie auf der Spur. Hätte Hordlicka die Empfehlungen Spannocchis befolgt und die »Überwachung des Generalstabs« – korrekterweise durch die Staatspolizei – eingeleitet, wäre Redl mehr als vier Jahre vor seinem tatsächlichen Ende entlarvt worden. Das wiederum hätte bedeutet: Vier Jahre, unmittelbar vor dem Ersten Weltkrieg wären aus dem Generalstabsbüro in Wien via Redl keine militärischen Geheimnisse mehr nach St. Petersburg, Paris und Rom gedrungen.

»Nun ging ich zum Oberstleutnant Redl«, setzt Spannocchi fort. »Dieser bekam einen hochroten Kopf und versicherte, dass alles geschehen werde, um Licht in diese Angelegenheit hineinzutragen, ich möge beruhigt sein. Dann bat er mich, alles streng reservat für mich zu behalten.«

In den folgenden, für Redl überaus bedrohlichen Wochen und Monaten wird eine für ihn typische Strategie erkennbar. Der Verräter wusste, dass ihm Spannocchi, so er in dieser Sache weiterzuforschen Gelegenheit hatte, mehr als gefährlich werden konnte. Also begann Redl systematisch Spannocchis Abberufung vorzubereiten!

Zurück in St. Petersburg, erkannte Spannocchi, dass im Wiener Generalstab an seinem Sessel gesägt wurde: »So brachte mir in der Folge ein Kurier nach dem anderen unliebsame Bemerkungen und Eröffnungen zu meinen Berichten, aufgelegte Schikanen zum Unterschied von Belobigungen, die ich vorher erhalten hatte.«

Und Redl gelang es tatsächlich, der diplomatischen Karriere seines Widersachers ein Ende zu setzen. Dabei kam ihm eine Begebenheit zustatten, die er in geradezu »generalstabsmäßiger« Verfolgung seines teuflischen Plans selbst einzufädeln wusste. Als in diesen Tagen nämlich in Wien ein hochrangiger russischer Diplomat als Spion aufgeflogen war und des Landes verwiesen wurde, gelang es Redl, Spannocchi in diesen Fall zu verwickeln. Daraufhin wurde Spannocchi vom russischen Außenministerium schriftlich mitgeteilt, dass er »hierorts nicht mehr genehm« sei.

Enttäuscht und verständnislos verließ Spannocchi das Zarenreich und erfuhr dann im Wiener Außenministerium, dass für ihn »keinerlei Verwendung« mehr bestünde. Redl hatte ihn kaltgestellt!

Dreieinhalb Jahre später, im Juli 1913, schlug Spannocchi sein Tagebuch noch einmal auf und fügte hinzu: »Unlängst hat sich Oberst Redl erschossen. Ursache: Hochverrat und Preisgabe aller Geheimnisse an Russland. Es stellte sich jetzt heraus, dass ihm meine Position und Tätigkeit in St. Petersburg unbequem war und [er] durch meine Verbindungen Aufdeckung seiner verräterischen Handlungen fürchtete. Er hat dem russischen Generalstab mitgeteilt, dass ich mit einem Agenten in Kontakt stünde, und so meine Entfernung aus St. Petersburg bezweckt und vermocht. Bei aller Tragik bedeutet für mich die Überführung Redls als Hochverräter eine große Genugtuung. Meine Meldung im Jahre 1909 war somit zutreffend, und nur eine dünne Wand trennte uns von der Aufdeckung des verbrecherischen Treibens Redls. Bei einiger erhöhter Aufmerksamkeit und Beobachtungsgabe seitens der militärischen Behörden wäre Redl viel früher entlarvt worden. Pflicht des Obersten Hordlicka wäre es gewesen, aufgrund meiner Meldung die Sache selbst in die Hand zu nehmen und die entsprechenden Maßnahmen mit großer Vorsicht durchzuführen. Sie wären von Erfolg begleitet gewesen.«

War drauf und dran, den Spionagefall Redl vorzeitig zu lösen: Österreichs Militärattaché Lelio Graf Spannocchi.

Spannocchi wurde nach Auffliegen der Affäre Redl vom Generalstabschef Franz Conrad von Hötzendorf rehabilitiert und zum Regimentskommandanten ernannt. Sein Neffe General Emil Spannocchi kommentierte diese Vorgangsweise mir gegenüber mit den Worten: »Die schnelle Beförderung zeigt doch, dass die ganze Sache dem Generalstab damals sehr peinlich gewesen sein muss.«

Hätte man nicht österreichisch, sondern korrekt gehandelt, wäre man Redl schon vier Jahre vor seinem Ende auf die Schliche gekommen. Vier entscheidende Jahre vor Kriegsausbruch!

»WEIL AUSTERLITZ WIE EINE SCHLACHT KLINGT«
Fred Astaires österreichische Wurzeln

Fred Astaire

Es war Mitte der Siebzigerjahre, als ich einen grauhaarigen Herrn kennen lernte, der Franz Austerlitz hieß und in der Franzensgasse in Wien-Margareten einen Großhandel mit Haus- und Küchengeräten betrieb. Ich war ziemlich jung, aber schon sehr an Geschichten mit Geschichte interessiert, weshalb ich ihn sogleich fragte, ob er mit Fred Astaire verwandt sei. Denn ich wusste, dass die väterlichen Vorfahren des Hollywoodstars aus Österreich stammten und Austerlitz hießen.

»Ja«, erklärte Herr Austerlitz, »Fred und ich hatten den selben Urgroßvater. Und wie dieser bin ich im Haus Unterberggasse 15 in Eisenstadt aufgewachsen.« Ich begleitete Herrn Austerlitz ins Burgenland und ließ ihn vor dem Haus seiner Ahnen fotografieren. Er selbst hätte Fred Astaire – der damals noch am Leben war – nie kennen gelernt, erzählte Herr Austerlitz. In der Familie sei aber gemunkelt worden, dass der Vater der Tanz-Ikone in die Vereinigten Staaten gegangen sei, weil er es hierzulande zu nichts gebracht hatte. »Die Untüchtigen«, meinte Herr Austerlitz, »sind zur Jahrhundertwende ausgewandert.«

Heute weiß ich, dass Herr Austerlitz mit Fred Astaire keineswegs verwandt sein konnte, ja mehr noch: Dass nur wenig von dem, was über die österreichischen Wurzeln des weltberühmten Tänzers verbreitet wird, mit der Realität zu tun hat. Denn nun liegt die Wahrheit über die Herkunft des Tänzers vor, der durch seine Filme zum Inbegriff zeitloser Eleganz wurde.

Fred Astaires Vater hieß Fritz Austerlitz und hat Österreich gegen Ende des 19. Jahrhunderts verlassen. Doch schon das Jahr seiner Emigration ist in allen Biografien und Fred-Astaire-Nachrufen falsch angegeben. Fritz Austerlitz ist nicht 1895 ausgewandert, sondern bereits drei Jahre früher. Er erreichte – wie der mittlerweile aufgetauchten Passagierliste der *S. S. Westernland* zu entnehmen ist – am 26. Oktober 1892 den Hafen von New York. Die fehlerhafte Grundinformation hatte der Hollywoodstar selbst geliefert, als er in seinen Memoiren *Steps In Time* die unrichtige Jahreszahl niederschrieb, die dann von allen anderen Chronisten übernommen wurde.

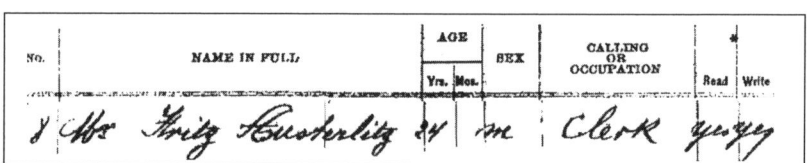

Aus der Passagierliste der »S. S. Westernland«: Kabine Nr. 8 Mr. Fritz Austerlitz, Alter 24 Jahre, männlich, Beruf Angestellter, lesen ja, schreiben ja. Fred Astaires Vater erreichte New York am 26. Oktober 1892.

Bis sich eine junge Italienerin auf die Suche nach den österreichischen Spuren des genialen Entertainers begab: Alessandra Garofalo, Marine-Ingenieurin aus Triest,

Stammbaum der Familie Austerlitz-Astaire

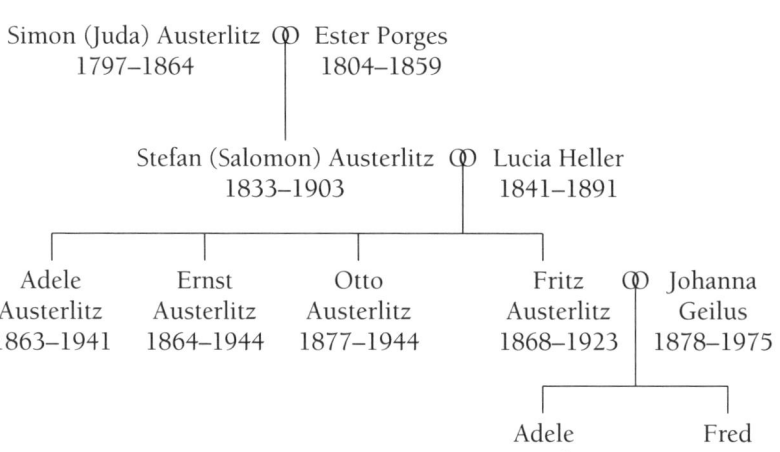

Simon (Juda) Austerlitz ⚭ Ester Porges
1797–1864 1804–1859

Stefan (Salomon) Austerlitz ⚭ Lucia Heller
1833–1903 1841–1891

Adele	Ernst	Otto	Fritz ⚭ Johanna
Austerlitz	Austerlitz	Austerlitz	Austerlitz Geilus
1863–1941	1864–1944	1877–1944	1868–1923 1878–1975

Adele Fred
Austerlitz Astaire
1896–1981 1899–1987

© ALESSANDRA GAROFALO

bereiste die Austerlitz-Stationen Wien, Linz, Prag, Pilsen und Boston, wo sie die wichtigsten Dokumente entdeckte. Nun stellt sich die Geschichte der Familie doch ein wenig anders dar als bisher angenommen.

Zunächst einmal: Der Vater des Tanzwunders hatte das Licht der Welt nicht in Wien erblickt – wie von Astaire fälschlich überliefert –, sondern in Linz. Vermutlich wusste Fred Astaire nicht einmal, dass es diese Stadt überhaupt gibt.

Fred Astaires Großvater Stefan Austerlitz, von Beruf Handelsvertreter, und seine Frau Lucia waren im jüdischen Viertel von Prag groß geworden und in der Synagoge der böhmischen Stadt Pilsen getraut worden. 1866 ließ sich das Ehepaar in Linz nieder, wo Fritz – der Vater des Tänzers – zwei Jahre später geboren wurde.

71

1866, das Jahr, in dem die Familie Austerlitz nach Linz zog, war eines der bittersten in der Geschichte Österreich-Ungarns. Es brachte der Monarchie mit der Schlacht bei Königgrätz eine verheerende Niederlage, von der sie sich nie mehr erholen sollte. Mit dem Namen Austerlitz verbindet man allerdings ein ganz anderes Gemetzel, dessen Auswirkungen sich als nicht minder katastrophal erweisen sollten: die Schlacht bei Austerlitz.

Sie führt uns zurück in die Dezembertage des Jahres 1805, in denen Napoleon ein triumphaler Sieg über Österreichs Truppen gelang. Auch dessen Folgen hatten entscheidenden Anteil am Niedergang der Donaumonarchie, die nach Austerlitz den Verlust von Venetien, Istrien und Dalmatien hinnehmen musste. Als man den bereits weltberühmten Fred Astaire einmal fragte, warum er seinen Namen geändert hätte, erklärte er: »Weil Austerlitz wie eine Schlacht klingt!«

In der Tat liegt die Vermutung nahe, dass die Familie Austerlitz einst in der mährischen Kleinstadt Austerlitz gelebt hat, da es bis zum Ende des 18. Jahrhunderts üblich war, jüdische Familien nach dem Ort zu benennen, in dem sie ihren Wohnsitz hatten.

Stefan und Lucia Austerlitz zählten zu den vielen Juden, die aus den böhmischen, mährischen, aber auch aus galizischen und anderen Kronländern nach Österreich geströmt waren – wobei das erklärte Ziel in den meisten Fällen wohl eher Wien als Linz gewesen ist. Zu Recht konnten sie hier auf die längst versprochene Gleichberechtigung mit den Nichtjuden hoffen, während ihre Glaubensgenossen in anderen Teilen der Monarchie noch im Ghetto oder zumindest in der gesellschaftlichen Isolation lebten.

Fritz, der Vater von Fred Astaire, war also in Linz zur Welt gekommen und wuchs dort mit zwei Brüdern und einer Schwester im Haus Landstraße 37/Ecke Mozartstraße auf. Seine Eltern hatten sich kurz vor seiner Geburt in der Pfarrkirche von Leonding bei Linz taufen lassen, sodass Fred Astaires Vater bereits römisch-katholisch erzogen wurde.

1880 übersiedelte die Familie nach Wien und bezog hier mehrere Wohnungen, zuletzt in der Josefstädter Fuhrmannsgasse 2a. Der Grund für den Umzug dürfte in der besseren medizinischen Versorgung der Haupt- und Residenzstadt gelegen sein, da die Mutter von Fritz an Tuberkulose litt. Während die Brüder Ernst und Otto Offiziere der k. k. Landwehr wurden, zeigte Fred Astaires Vater – der in Linz eine Handelsschule absolviert hatte – als Militär weit geringere Ambitionen und brachte es nur zum Unteroffizier.

Und das sei, laut Fred Astaire, auch der Grund gewesen, warum sein Vater Österreich verließ: »Er hatte einen niedrigeren Dienstgrad als seine beiden Brüder«, schreibt

Fritz Austerlitz, der aus Österreich stammende Vater des amerikanischen Tanzwunders.

73

Zwei der Wohnsitze der Familie Austerlitz: Landstraße 37/Ecke Mozartstraße in Linz und Fuhrmannsgasse 2a in Wien-Josefstadt.

Astaire in seinen Lebenserinnerungen, ehe er auf einen folgenschweren Zwischenfall zu sprechen kommt: »Eines Tages begegnete mein Vater seinem Bruder Ernst, als dieser in voller militärischer Adjustierung in Wien über die Straße ging. Es kam zum Streit, da mein Vater dem Ranghöheren nicht salutiert hatte, wie es die Dienstvorschrift – auch wenn es sich um den eigenen Bruder handelt – vorsieht. Mein Vater wurde angezeigt und kam für ein paar Tage in den Arrest. Das war zu viel für ihn. Er hat mit mir kaum je über diese Angelegenheit gesprochen, aber so viel ich weiß, nahm er sie zum Anlass, um von Österreich nach Amerika auszuwandern: in die Wiege der demokratischen Freiheit.«

Soweit die Schilderung Fred Astaires. »Mag sein, dass es einen derartigen Vorfall gab«, meint die akribisch recherchierende Astaire-Forscherin Alessandra Garofalo, »aber das war sicher nicht der Grund, warum Herr Austerlitz in die USA emigrierte. In Wirklichkeit erhoffte er sich dort als junger Handelsangestellter bessere berufliche Aufstiegschancen.«

Und er fand sie auch. Der 24-jährige Fritz Austerlitz bekam eine gute Position bei der *Storz Brewing Company*, einer Brauerei in Omaha, der größten Stadt des Bundesstaats Nebraska, wohin er nach einem kurzen New-York-Aufenthalt gelangt war. Dass sein Vater »einer alten Brauereidynastie entstammte«, wie Fred Astaire schreibt, ist eine weitere Familienlegende – die wohl damit zu erklären ist, dass die Großeltern eine Zeitlang in der tschechischen Biermetropole Pilsen gelebt hatten. Mit der Bierbranche hatten sie jedoch nie etwas zu tun.

Fritz Austerlitz trat seinen neuen Job in einer für Brauereien schwierigen Zeit an, galt doch in Nebraska bereits – lange vor der tatsächlichen Einführung des Alkoholverbots in den USA – die »Prohibition«. Die *Storz Brewing Company* war vom militanten »Kampf für ein trockenes Amerika« besonders betroffen, allerdings wusste die Geschäftsführung den Schaden einzugrenzen und änderte die Herstellung – bis zum Ende der Prohibition im Jahre 1932 – auf Speiseeis und alkoholfreie Getränke.

In Omaha traf Fritz Austerlitz ein junges Mädchen namens Johanna Ann Geilus, das die Frau fürs Leben werden sollte. Die beiden wollten schnell heiraten, doch da die Braut bei der Eheschließung erst 16 Jahre alt war, musste in der Heiratsurkunde der First German Lutheran Church von Omaha vermerkt werden, dass die Hochzeit »mit dem Einverständnis des Brautvaters« stattfand. Johannas Eltern, die deutschsprachigen Protestanten David und Wilhelmina Geilus, waren 1877 aus Königsberg in Ostpreußen nach Amerika eingewandert.

Nach zwei Ehejahren kam Tochter Adele zur Welt, und am 10. Mai 1899 der als Fred Astaire weltberühmt gewordene Frederick Austerlitz.

Der aus Österreich stammende Brauereiangestellte Fritz Austerlitz lebte sich im Mittleren Westen der Vereinigten Staaten gut ein und legte großen Wert darauf, Adele und Fred eine profunde musikalische Ausbildung zu geben, womit er – ohne je davon erfahren zu haben – einem der größten Stars der Filmgeschichte den Weg ebnen sollte. Fred Astaires Vater war ein warmherziger, humorvoller Mann, der passabel Klavier spielen und seinen Kindern die Liebe zur Musik vermitteln konnte. Er und seine Frau waren es schließlich auch, die die außergewöhnlichen Begabungen ihrer Kinder erkannten und für diese den richtigen Tanzlehrer fanden, ehe *The Astaires* nach ersten Erfolgen auf Kabarett- und Vaudeville-Bühnen mit dem Stück *Over the Top* 1917 ihren Durchbruch am Broadway feierten.

Fred Astaire mit Schwester Adele

76

Noch etwas fand die Astaire-For-
scherin Alessandra Garofalo heraus.
Dass Fred nämlich 1926, bereits als
gefeierter Broadwaystar, Österreich
besuchte, um hier seine Verwandten
kennen zu lernen. Und bei dieser
Gelegenheit traf er auch jenen Onkel
Ernst Austerlitz, der seinen Vater ins
Gefängnis gebracht haben soll. Fred
Astaire beschrieb den Onkel als
»sympathischen und charmanten
Mann«, der inzwischen als höherer
Beamter bei der österreichischen Post
beschäftigt war. Während es von Fred
Astaire sonst keine nennenswerten
Aussagen über seine europäischen
Wurzeln gibt, sagte seine Mutter, die
im Alter mehrmals nach Österreich

*Fred Astaire hatte große
Ähnlichkeit mit seinem
in Österreich lebenden
Onkel Ernst Austerlitz.*

kam, in einem Interview: »Als ich Wien zum ersten Mal
besuchte, machte ich die amüsante Entdeckung, dass die
fremden Menschen in diesem fremden Land die selben
Eigenarten hatten wie mein Sohn und meine Tochter. Die
Natur hatte meinen Kindern nur einige wenige Charakte-
ristika von mir geschenkt, aber sehr viele von ihrem Vater.«
  Doch dieser lebte zu diesem Zeitpunkt längst nicht mehr.
Er war 1923 mit 55 Jahren gestorben, während seine Frau
97 Jahre alt wurde und den einzigartigen Weg ihres Sohnes
verfolgen konnte. Fred Astaires Solokarriere begann 1932,
als seine Schwester Adele den Engländer Lord Charles
Cavendish heiratete und sich aus dem Showbiz zurückzog.

*Fred Astaire, der unvergleichliche
»Lord of The Dance«*

In Hollywood munkelte man indes, der allein gelassene Fred Astaire könne »nicht singen, nicht spielen und nur wenig tanzen«. Er hätte derlei Gerede nicht besser widerlegen können als mit Filmen wie *Easter Parade, Daddy Langbein, Broadway Melody* oder *The Band Waggon*, wobei ihm Rita Hayworth, Judy Garland, Leslie Caron, Audrey Hepburn und Ginger Rogers zur Seite standen. Als man ihn einmal fragte, welche seiner Partnerinnen ihm die liebste war, antwortete er diplomatisch: »Bing Crosby«.

Der »Lord of The Dance« starb am 22. Juni 1987 im Alter von 88 Jahren in Los Angeles an den Folgen einer Lungenentzündung – sechs Jahre nach seiner Schwester und einstigen Tanzpartnerin Adele.

In Österreich hielt sich lange die Mär, dass alle, die Austerlitz hießen, mit Fred Astaire verwandt seien. So auch der berühmte Publizist Friedrich Austerlitz – der als Chefredakteur der sozialdemokratischen *Arbeiterzeitung* nach den Freisprüchen im »Schattendorfer Prozess« jenen folgenschweren Leitartikel verfasste, der am 15. Juli 1927 die Massen vor den Wiener Justizpalast strömen ließ. Er war freilich, wie wir heute wissen, mit Fred Astaire ebenso wenig verwandt wie jener Franz Austerlitz, der mir einst das Haus der »gemeinsamen Ahnen« in Eisenstadt gezeigt hatte. »Mein Großvater war, so lange er lebte, überzeugt davon, ein Cousin Fred Astaires zu sein«, sagt sein heute in Wien lebender Enkel André Austerlitz. Franz Austerlitz starb 1992 im Alter von 86 Jahren und hat nie davon erfahren, dass ihn mit dem großen Tänzer nur eine zufällige Namensgleichheit verband.

DIE FÜRSTIN UND DAS GIFT
Das aufregende Leben der Elisabeth Thury

Als junger Journalist begegnete ich auf Pressekonferenzen und ähnlichen Veranstaltungen immer wieder einer betagten Dame, die als innenpolitische Redakteurin für die *Austria Presse Agentur* schrieb. Ich war jedes Mal, wenn ich sie sah, von ihrem Auftreten und ihrer Persönlichkeit beeindruckt, aber kaum jemand wusste, welche Rolle sie in der österreichischen Kriminalgeschichte gespielt hatte. War die allseits geachtete Frau doch in ihren jungen Jahren gleich mehrfach wegen versuchten Giftmordes vor Gericht gestanden.

Die später angesehene Publizistin Elisabeth Thury, hier als Fürstin Milica in ihren jungen Jahren.

Elisabeth Thury, wie sie sich in ihrem »zweiten Leben« nannte, war am 1. März 1894 als Fürstin Milica de Vulko et Bronko in Korneuburg bei Wien zur Welt gekommen. Sie entstammte einem altserbischen Adelsgeschlecht, dessen berühmtester Vorfahre Fürst Vuk Branković im 14. Jahrhundert als Heerführer in der Schlacht auf dem Amselfeld Geschichte schrieb. Die Familie war in Österreich längst etabliert, Elisabeth Thurys Vater war

81

eine Zeitlang Bezirkshauptmann in Gmunden gewesen.

In den letzten Jahren der Monarchie besuchte die schöne Fürstin die Lehrerbildungsanstalt, deren Direktor Rudolf Piffl – Bruder des Wiener Erzbischofs Kardinal Friedrich Gustav Piffl – sie wegen ihrer ausgezeichneten Intelligenz besonders förderte, aber auch eine Affäre mit ihr hatte. Hofrat Piffl integrierte Milica in sein Familienleben und lud sie mehrmals zu sich nach Hause zum Essen ein, wo die angehende Lehrerin von seiner nichts ahnenden Gemahlin herzlich aufgenommen wurde.

Nach so einem Mittagessen erkrankten Frau Piffl und ihre beiden Kinder im März 1917 ernsthaft. Als eine Vergiftung durch Arsen diagnostiziert wurde, richtete sich der Verdacht sofort gegen die junge Fürstin, die als einzige hausfremde Person an der Mahlzeit teilgenommen hatte. Schließlich fand die Polizei heraus, dass sie als Geliebte des Hausherrn auch ein Motiv für die Tat hatte: Ehefrau und Kinder standen ihren persönlichen Interessen im Wege. Milica wurde verhaftet und wegen versuchten Giftmordes in mehreren Fällen angeklagt.

Ihr nun folgender Auftritt vor Gericht war der letzte, bei dem sie noch als Fürstin angesprochen wurde, fand die Hauptverhandlung doch am 30. Oktober 1918 – vierzehn Tage vor Ausrufung der Republik also – statt. In einer brillanten Verteidigungsrede gelang es der Aristokratin, die Geschworenen von ihrer Unschuld zu überzeugen. Sie wurde im Zweifel freigesprochen, erhielt aber dennoch eine zweijährige Kerkerstrafe – wegen Verleumdung, weil sie Piffls Ziehsohn der Tat beschuldigt hatte.

Nach wenigen Monaten begnadigt, kam sie 1919 wieder frei.

Doch die abenteuerliche Geschichte ist damit noch nicht zu Ende. Milica Vukobrankovics, wie sie sich in der Ersten Republik nannte, fand nach Verbüßung ihrer Haftstrafe eine Anstellung als Kontoristin des Wiener Verlegers und Buchhändlers Ernst Stülpnagel. Die 25-Jährige verliebte sich nun in diesen – und wurde schwanger.

Auch Ernst Stülpnagel war verheiratet. Er wohnte mit seiner Familie in einem Haus in der Einsiedeleigasse 35 in Wien-Hietzing. Einmal mehr wurden Frau und Kinder mit rätselhaften Symptomen ins Spital eingeliefert. Die medizinische Untersuchung ergab, dass die Opfer in diesem Fall mittels Natronlauge – die in einem Schokoladepudding festgestellt wurde – vergiftet werden sollten. Und wieder musste die Polizei nicht lange nach einer Verdächtigen suchen: Milica Vukobrankovics wurde neuerlich festgenommen – und erlitt in der Haft eine Fehlgeburt.

Hatte schon der Fall Piffl für enormes Aufsehen gesorgt, so war das Publikumsinteresse im Fall Stülpnagel noch größer. »Es ist, wie man weiß, versuchter Giftmord, dessen man sie anklagt, und es ist, wie man gleichfalls weiß, zum zweiten Mal der Fall, dass diese Anklage gegen sie erhoben wird«, zog Karl Kraus in der *Fackel* über die sensationslüsterne Boulevardpresse her und ergänzte, dass die Täterin »zu jenen Frauen gehört, die durch äußere Vorzüge, einen lebhaft beweglichen geschmeidigen Geist, durch hohe Bildung, ihr heißes Temperament und durch ihre Kühle des Herzens jeden Platz erringen, den einzunehmen sie sich in den Kopf setzen«.

Angeheizt durch die in einem Wiener Blatt veröffentlichten *Memoiren der Fürstin*, standen vor dem Landesgericht Hunderte Schaulustige nächtelang Schlange, um dem zweiten Prozess gegen die junge Frau folgen zu können. Und sie kamen auf ihre Rechnung: Der Schlagabtausch zwischen Staatsanwalt und Angeklagter wurde als »Höhepunkt in der Justizgeschichte« beschrieben. Karl Kraus ging soweit, die intellektuellen Fähigkeiten der Verdächtigen über die des Gerichts zu stellen, an dem »die geistig Minderbefähigten über die Höherorganisierte« zu urteilen hätten.

Als Folge des Kriminalfalles musste das Standardwerk *Psychologie des Giftmordes* von Erich Wulffen aus den Regalen der Buchhandlungen genommen werden. Erstens, weil sich ein Exemplar im Besitz von Milica Vukobrankovics befand und sie nachweislich daraus »Anleitungen« bezogen hatte. Und zweitens, weil man nunmehr Nachahmungstäterinnen befürchtete, die ebenfalls einen »perfekten Giftmord« planen könnten.

In ihrem zweiten Prozess wurde die Fürstin wegen mehrfachen Mordversuchs zu dreieinhalb Jahren schwerem Kerker verurteilt. Doch sie ging auch diesmal – nun durch einen Gnadenakt des Bundespräsidenten Michael Hainisch – nach wenigen Monaten frei.

Karl Kraus konnte nicht ahnen, dass er in gewisser Weise Recht behalten sollte, als er in der *Fackel* die prophetischen Worte schrieb: »In ihr lebt eine große, ungebrochen drängende Kraft, und sie wird gewiss noch viel im Leben erreichen.«

Tatsächlich sollte sie unter dem Namen Elisabeth Thury eine beachtenswerte publizistische Karriere machen.

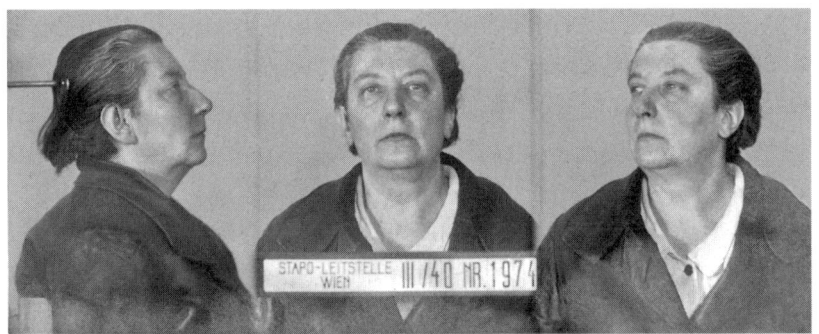

Elisabeth Thury nach ihrer Verhaftung durch die Gestapo.

Immerhin war sie nach ihrer zweiten Freilassung im Jahre 1925 in der Lage, ein völlig neues Leben zu beginnen. Vorerst als erfolgreiche Buchautorin*, trat sie bald der Sozialdemokratischen Partei bei und engagierte sich, als diese im Ständestaat verboten wurde, im Untergrund für die Anliegen der Arbeiterschaft. In der Nazizeit verlor Elisabeth Thury – diesmal aus politischen Gründen – einmal mehr die Freiheit. Die Gestapo nahm sie am 1. September 1939 fest und überstellte sie in das Konzentrationslager Ravensbrück, wo sie ab Februar 1944 die Leitung der »Lagerpolizei« und kurz vor der Befreiung die Stellung als »Lagerälteste« innehatte.

Nach dem Krieg begann ihre bürgerliche Karriere. Elisabeth Thury wurde innenpolitische Redakteurin der *Austria Presse Agentur*, für die sie mehr als ein Vierteljahrhundert, bis zu ihrem Tod, tätig blieb. Ich erinnere mich, wie sie, meist mit einer Pullmankappe auf dem Kopf, bei Journa-

---

* In ihrem ersten Buch, »Weiberzelle 321, Tagebuch aus der Haft«, beschrieb sie ihr eigenes Schicksal.

listenempfängen von prominenten Politikern aller Parteien – vom Bundeskanzler abwärts – herzlich, ja geradezu freundschaftlich, in Gespräche verwickelt wurde. Elisabeth Thury genoss eine derartige Wertschätzung, dass sie 1959 als Chefredakteurin der *APA* im Gespräch war. Da man die Position schließlich mit einem parteiunabhängigen Journalisten besetzen wollte, wurde Otto Schönherr zum Chefredakteur ernannt, der sich noch gut an seine langjährige Mitarbeiterin erinnert: »Elisabeth Thury war überaus angesehen und wurde in der Öffentlichkeit oft als ›Frau *APA*‹ wahrgenommen. Obwohl jeder wusste, wo sie politisch stand, war sie bei Schwarz und Rot gleichermaßen beliebt, weil sie in ihrer Berichterstattung stets Unabhängigkeit wahrte. Nur in einem Fall gingen ihr die Sicherungen durch, das war, als ein Mitglied der Familie Habsburg – noch vor Kreiskys Einigung mit Otto von Habsburg – nach Österreich einreisen wollte, da hat sie getobt, das war für sie unvorstellbar.« Niemand hätte es je gewagt, »die Thury in Pension zu schicken«, erzählt Otto Schönherr, »auch als sie schon in sehr fortgeschrittenem Alter stand – irgendwie gehörte sie zum Inventar der *Austria Presse Agentur*.«

Auch wenn man innerhalb der Redaktion von ihrer frühen »Karriere als Giftmischerin« wusste, war dies nie ein Thema, hatte sie doch längst den Beweis erbracht, ein anerkanntes Mitglied der Gesellschaft geworden zu sein. Es sei denn, sie betätigte sich in der Getränkeküche, da ließen sich Kollegenwitze nicht vermeiden: »Na, wenn die Thury den Kaffee kocht, verzicht ich.«

Die Pullmankappe gehörte ebenso zu ihrer eigenwilligen Persönlichkeit wie die Angewohnheit, bei Pressekonferenzen eher zuzuhören als Fragen zu stellen. Elisabeth Thury galt als bedeutende Journalistin und als »große alte Dame« der österreichischen Publizistik.

Sie starb am 9. Juni 1973, hoch geachtet und bis zuletzt berufstätig, in ihrem achtzigsten Lebensjahr.

Wenn in irgendeinem Fall das Wort Resozialisierung zu Recht verwendet wird, dann wohl in diesem.

»DER MANN, DER MEIN LEBEN RETTETE«
Mit Professor Hacker in Ray Charles' Garderobe

Am Beginn des Jahres 2005 kam der Film *Ray*, in dem die beachtliche Lebensgeschichte der Soul-Legende Ray Charles erzählt wird, ins Kino. Der große Sänger hatte selbst noch am Drehbuch mitgearbeitet, war aber wenige Monate vor der Uraufführung gestorben. In einer kurzen, aber äußerst dramatischen Szene des Oscar-gekrönten Films sieht man, wie ein Arzt namens Dr. Hacker seinen berühmten Patienten von seiner Heroinsucht zu befreien versucht. Als ich das Kino verließ, ging mir durch den Kopf, wie ich Jahre davor den Hintergrund dieser Geschichte erfahren hatte. Wahrlich aus erster Hand – in der Garderobe von Ray Charles.

Mein väterlicher Freund Friedrich Hacker hatte sein Leben so eingeteilt, dass er einige Monate in Los Angeles und dann wieder in Wien lebte. Hier wie in den USA als Terror- und Aggressionsforscher bekannt, wurde er in spektakulären Fällen als Berater zugezogen. So war er an der Aufklärung des Mordes an der Schauspielerin Sharon Tate im August 1969 in Hollywood beteiligt, er wurde nach dem Terroranschlag bei den Olympischen Spielen in München 1972 konsultiert und ein Jahr später von der österreichischen Regierung, um mit jenen Terroristen zu verhandeln, die in Marchegg die Passagiere eines Eisenbahnzuges als Geiseln genommen hatten. Und beim Aufsehen erregenden Kidnapping der amerikanischen Verlegertochter Patricia Hearst im Februar 1974 war der Psychiater als Konsulent sowohl für das FBI als auch für die Familie Hearst tätig.

Friedrich Hacker war 1914 in Wien zur Welt gekommen und hatte hier während seines Medizinstudiums noch einige Vorlesungen Sigmund Freuds besucht. Nach dem

»Anschluss« verließ er gemeinsam mit seinem Vater und seinem Bruder Hannes fluchtartig das Land und gelangte über die Schweiz nach Amerika. Dort arbeitete er zunächst an mehreren Kliniken, ehe er 1945 die Hacker Clinic in Beverly Hills gründete, die bald zu

Die »Hacker Clinic« zählte zu den renommiertesten psychiatrischen Krankenhäusern der USA: Professor Friedrich Hacker.

den renommiertesten psychiatrischen Krankenhäusern der USA zählte. Viele Stars aus Hollywood vertrauten sich dem Wiener Arzt an, darunter Judy Garland und Robert Mitchum, die mit ihren Alkohol- und Drogenproblemen seiner Behandlung bedurften. Und auch Ray Charles gehörte dazu.

Als dieser im Sommer 1985 ein Konzert in der Wiener Kurhalle Oberlaa gab, lud Professor Hacker mich ein, ihn dorthin zu begleiten. Wir waren hingerissen von dem Abend, an dem der Weltstar all seine Hits – von *I Can't Stop Loving You* bis *Georgia on My Mind* – vortrug. Nach der Show meinte Hacker, ich sollte mit ihm noch hinter die Bühne kommen, weil er Ray Charles »Hallo« sagen wollte. Ich folgte ihm erstaunt, und wir zwängten uns durch die vor Begeisterung johlenden Menschenmassen in Richtung Künstlergarderobe, deren Zugang jedoch von baumlangen, finster dreinschauenden Leibwächtern verriegelt war, an denen kein Weg vorbeizuführen schien.

Trotz des aussichtslos anmutenden Ansinnens bat Professor Hacker einen der Männer, Ray Charles auszurichten, dass er ihn sprechen wollte. Minuten später hörte ich schon das signifikante Organ des einzigartigen Sängers: »Yeah, let Doc Hacker come in!«

Und da öffnete der gerade noch so abweisende Bodyguard auch schon die Tür, und vor uns stand leibhaftig und in seiner ganzen Größe: Mr. Ray Charles.

Was sich nun in dessen Garderobe abspielte, ist kaum zu beschreiben. Der Entertainer führte mit Hacker einen regelrechten Veitstanz auf, umarmte und küsste ihn. Und weinte wie ein kleines Kind.

Als wir die Garderobe nach einiger Zeit verlassen hatten, erzählte mir Hacker die Vorgeschichte der stürmischen Begrüßung: Ray Charles war 1964, von Dreharbeiten aus England kommend, mit seiner Privatmaschine am Flughafen der amerikanischen Stadt Boston gelandet. Kaum war er im Hotel, fiel ihm ein, dass er seine im Flugzeug versteckte Tagesdosis Heroin vergessen hatte. Der damals 34-jährige Musiker ließ sich vom Hotel zurück zum Flughafen chauffieren, um den »Stoff« zu holen. Seit seinem sechsten Lebensjahr erblindet, bestieg der König des Soul allein die Maschine – und bemerkte nicht, dass er von Sicherheitsbeamten verfolgt wurde. Sie nahmen ihn, als er das Rauschgift aus dem Jet schaffen wollte, auf der Stelle fest.

Was den genialen Künstler nunmehr erwartete, war das sichere Ende seiner Karriere, vor allem aber fünfzehn bis zwanzig Jahre Freiheitsentzug, denn das Einführen von Rauschgift – die Maschine war ja aus Großbritannien gekommen – zählt zu den schwersten Verbrechen in den USA.

Ein Heer von Anwälten wurde für Ray Charles in Bewegung gesetzt, die sechs namhafte Psychiater als Gutachter nominierten. Einer von ihnen sollte dem Prozess als Sachverständiger beiwohnen. Ray Charles sprach mit allen sechs Ärzten – und entschied sich für Dr. Hacker.

Am 22. November 1964 – übrigens dem ersten Jahrestag der Ermordung John F. Kennedys – begann in Boston der Sensationsprozess gegen Ray Charles.

Professor Hacker vertrat in einem vierstündigen *Hearing* die Ansicht, »dass man diesem Mann unbedingt eine Chance geben müsste. Er ist nicht nur ein außergewöhnlicher Mensch, dem unter besonderen Bedingungen eine unglaubliche Karriere gelang, er ist auch ein Symbol für die Befreiung der Schwarzen, ein Idol der Jugend, das sich durch eiserne Disziplin aus den schmutzigsten Slums in die erste Reihe der amerikanischen Musikszene gearbeitet hat.«

Professor Hacker gelang es, durch seine Argumentation

Wiederbegegnung in Wien: Ray Charles, Friedrich Hacker im Sommer 1985

das Gericht zu überzeugen und Richter Sweeny beschloss, den Prozess, wie von Hacker vorgeschlagen, für ein Jahr auszusetzen. Die Voraussetzung dafür war aber, dass sich Ray Charles einer Entziehungskur unterziehen und nach Ablauf des Jahres »clean« sein müsste.

Der damals schon weltberühmte Sänger wurde in die ebenfalls von Hacker geleitete psychiatrische Abteilung des *St. Francis-Hospitals* in Los Angeles aufgenommen, er blieb fünf Monate in stationärer Behandlung und musste im Anschluss daran noch längere Zeit ambulant betreut werden. Zweimal wurde er von FBI-Beamten ohne vorherige Ankündigung untersucht, einmal im Spital, ein weiteres Mal – bereits entlassen – bei einem Konzert. Hätte man bei ihm auch nur die geringste Menge einer Droge gefunden, wäre er sofort ins Gefängnis zurückgekehrt.

Auf den Tag genau ein Jahr nach dem ersten Prozess begann der zweite. Wieder am nationalen Trauertag der USA. Ray Charles hatte gute Chancen, freigesprochen zu werden. »Denn er war«, so Professor Hacker, »in diesem Jahr von den harten Drogen wirklich losgekommen.«

Doch im Gerichtssaal gab es ein böses Erwachen. Richter Sweeny war kurz vor der neuerlichen Verhandlung verstorben, ein jüngerer Kollege übernahm den Fall – und beschloss, den Prozess neu aufzurollen. Wieder beschworen Hacker und die Anwälte das Gericht, Ray Charles die Freiheit zu schenken – überhaupt jetzt, da er geheilt war. Doch der neue Richter sah dafür keine Möglichkeit und meinte: »Trotz aller Milderungsgründe wird Mr. Charles eine langjährige Gefängnisstrafe antreten müssen.«

Wenige Minuten vor der Urteilsverkündung eskalierte die Dramatik im Gerichtssaal, als ein Polizeibeamter dem Vorsitzenden ein verschlossenes Kuvert überreichte, das den letzten Willen des verstorbenen Richters Sweeny enthielt. »Zutiefst gerührt verlas der Richter die Zeilen«, erzählte Hacker. »Sweeny bat seinen Nachfolger darin, Ray Charles eine Chance zu geben. Sollte er von den Drogen losgekommen sein, würde er für einen Freispruch plädieren, andernfalls sei er zu verurteilen.«

Was in dieser Situation niemand mehr für möglich hielt, trat ein: Der Richter bezeichnete die Worte seines verstorbenen Kollegen als eine Art Vermächtnis, an das er sich gebunden fühlte – und setzte die Strafe für weitere fünf Jahre aus. Ray Charles konnte seine Karriere in Freiheit fortsetzen!

Fast zwei Jahrzehnte waren seither vergangen, als ich neben den beiden Männern in der Kurhalle Oberlaa stand. Ich werde nie vergessen, wie Ray Charles den Psychiater minutenlang gar nicht mehr loslassen wollte und den umstehenden Mitgliedern seiner Band immer wieder zurief: »That's the man who saved my life!«

»Letztlich war der Prozess, so schlimm er auch gewesen ist, ein heilsamer Schock für ihn«, sagte Hacker, nachdem wir die Garderobe des Entertainers verlassen und er mir den Hintergrund der ganzen Affäre erzählt hatte. »Denn er hätte wahrscheinlich nicht mehr lange zu leben gehabt, zu sehr hatten ihm die harten Drogen bereits zugesetzt.«

Ich habe Friedrich Hacker als besonders liebenswerten und humorvollen Mann in Erinnerung behalten. Am 22. Juni 1989 saßen wir noch mit ihm und seiner Frau Stasi beim Welser in Grinzing, er war bester Laune und sang, begleitet von zwei Heurigenmusikern, mit Hingabe und ungeheurem Schmelz Wienerlieder – wie es seine große Leidenschaft war. Am nächsten Morgen flog er nach Mainz, um abends an einer Live-Fernsehdiskussion teilzunehmen. Zwanzig Minuten nach Beginn der Sendung sackte Friedrich Hacker in seinem Fauteuil zusammen, die Kamera schwenkte ab, die Diskussion wurde abgebrochen. Friedrich Hacker war im Studio einem Herzschlag erlegen.

Auch das waren die Gedanken, die mir durch den Kopf gingen, als ich *Ray** im Kino sah.

* Jamie Foxx ist in dem Film als Ray Charles zu sehen, Patrick Bauchau in der Rolle des Dr. Hacker.

DES KAISERS NEUE KINDER
Herr Pointinger geht zum DNA-Test

In Bad Ischl und Umgebung wurde ja immer schon gemunkelt, dass Seine Apostolische Majestät, der Kaiser Franz Joseph, dem Salzkammergut nicht nur viele schöne Fotografien seiner Person sowie Schwarzweißfilme von der Jagd und eine repräsentative Villa hinterlassen hat, sondern auch mehrere nicht ganz ehelich geborene Kinder.

Theresia Pointinger

Im Frühjahr 2007 sollte der Beweis dafür erbracht werden, als Herr Hubert Pointinger in die Öffentlichkeit trat, um in Zeitungs- und Fernsehinterviews Details seiner Herkunft bekannt zu geben. Ich lernte in Herrn Pointinger einen durchaus seriös wirkenden Mann von 46 Jahren kennen, der von sich nicht mehr und nicht weniger behauptete, als ein Ururenkel des Kaisers zu sein. Er sprach darüber sehr eindrucksvoll und hatte sogar ein Buch über seine zweifellos Aufsehen erregende Familiengeschichte geschrieben*.

Wir trafen uns im Parkhotel Schönbrunn, gegenüber von jenem Schloss, das von Herrn Pointingers angeblichen

---

* Hubert Pointinger, *Die Salzprinzessin, Die geheime Geliebte Kaiser Franz Josephs.* Verlag Carl Ueberreuter, Wien 2007.

Ahnen jahrhundertelang bewohnt wurde. Beweise für die direkte Abkunft konnte der Linienpilot Hubert Pointinger keine vorlegen. Auch nach Briefen oder Tagebucheintragungen, in denen sich der Monarch zu seiner Liaison bekannt hätte, wird man vergeblich suchen. Aber vieles ist schlüssig und jedenfalls interessant, was Herr Pointinger zu erzählen hat.

Unbestritten ist, dass Kaiser Franz Joseph in den Jahren 1860 bis 1872, wann immer er in Ischl weilte, im nahen Schafberg-Gebiet auf Jagd ging und bei diesen Gelegenheiten am Grauwitzhof der Familie Pointinger am Mondsee nächtigte. Das Ehepaar hatte eine resche Tochter namens Theresia, die im Gastbetrieb mitarbeitete. Der Familienchronik zufolge hätte die 17-Jährige im Sommer 1863 gerade die im Garten sitzenden hohen Herrschaften bedient, als das kaiserliche Auge an ihr Gefallen fand. Da »Reserl« die begehrlichen Blicke des Monarchen nicht entgingen, begann auch ihr Herz für ihn zu schlagen.

Aber ein Kaiser ist selten allein und findet somit wenig Gelegenheit, sich einem Mädchen zu nähern, so resch es auch sein mochte. Erst sechs Jahre später, als Franz Joseph 39 und Theresia 23 Jahre alt waren, änderte sich die Situation schlagartig. Sie ist in diesem Sommer auf der zum elterlichen Gutshof gehörenden Eisenau-Alm beschäftigt, als der nach der Jagd allein des Weges kommende Monarch dort einkehrt. Nun gibt's kein Halten mehr, er fragt Theresia, ob sie allein sei und als diese bejaht, folgt er ihr in die Hütte. »Franz Joseph hat neben Reserl Platz genommen«, beschreibt Hubert Pointinger den Beginn der Affäre, »und nur Momente später ruht seine geöffnete Hand voller Erwartung in ihrem Schoß. Wie in Trance legt Reserl ihre zierliche Hand in die des Kaisers, und als sie kurz darauf die warmen Lippen Franz Josephs auf ihrer Haut und auf ihren geöffneten Lippen spürt, ist ihre Leidenschaft voll entbrannt.«

Zugegeben, die Geschichte klingt sehr nach Heimatroman, doch laut Hubert Pointinger kommt der Kaiser in den nächsten Monaten und Jahren immer wieder, und seine Besuche bleiben nicht ohne Folgen. Am 6. April 1870 bringt Theresia ihren (und des Kaisers) Sohn Anton zur Welt. Franz Joseph nützt in diesen Jahren jede Gelegenheit, um zum Grauwitzgut an den Mondsee zu eilen, und er vergisst niemals darauf, sein Reserl in ihrer Schlafstube zu beglücken. Das nächste Kind ist schon im Jahr darauf da und wird auf den Namen Franziska getauft. Wieder ein Jahr später stellt sich Sohn Matthias ein. Er ist der Urgroßvater des heutigen Chronisten Hubert Pointinger, der seine Familienrecherchen als »eine Art Wiedergutmachung für meine Ahnen« sieht, die sehr unter ihrer Herkunft gelitten hätten. »Für mich selbst ist es ein Stück Vergangenheitsbewältigung.«

Auf die »Kaisergeliebte« sollten bittere Zeiten zukommen. Nach dem Tod von Theresias Eltern hat ihr ältester Bruder das Gut übernommen, dessen Frau ihr feindlich gesinnt ist und sie vom Hof vertreibt. Als sich Theresia während des nächsten Treffs bei Franz Joseph ausweint, sorgt der – nicht gerade generös – für die Zukunft seiner Mätresse: Er spricht mit einem befreundeten Gutsbesitzer in Strobl, der des Kaisers Geliebte als Dienstmagd aufnimmt. Die drei Kinder werden indes von ihrer älteren Schwester versorgt.

Theresia erkennt nun, dass ihr Leben keinerlei Perspektiven bietet. So sehr sie Franz Joseph liebt, reichen die wenigen Begegnungen im Jahr nicht aus fürs Glücklichsein. Und so gibt sie sich dem Jäger Willi Buchwald hin, der sie 1874 heiratet und ihren drei Kindern ein guter Vater sein will.

Doch der Kaiser lässt auch nach Theresias Heirat nicht locker. Es kommt zu einer weiteren Zusammenkunft. Ein Dreivierteljahr später, Ende Mai 1877, wird die kleine Wilhelmine als des Kaisers viertes Kind geboren. Theresias Ehe hält das aus, zumal auch Herr Buchwald nicht immer ganz treu gewesen sei.

Zu den jetzt vier »Kaiserkindern« kommen vier weitere hinzu, deren Vater Willi Buchwald ist. Die Liaison mit Franz Joseph endet im Herbst 1878, als er eine – nachgewiesene – Affäre mit der Wienerin Anna Nahowski eingeht.*

Der Kaiser war, als die Beziehung mit Theresia Pointinger begonnen haben soll, seit 15 Jahren verheiratet, wobei seine Sisi zu diesem Zeitpunkt bereits viel auf Reisen war. Um seine im Salzkammergut lebenden angeblichen Kinder hat sich Franz Joseph laut Hubert Pointinger nie sonderlich gekümmert, deshalb verliefen deren Biografien auch alles andere als »standesgemäß«: Tochter Franziska heiratete einen Hausmeister in Wien, Wilhelmine wurde Kellnerin und die Söhne Anton und Matthias arbeiteten im staatlichen Forstdienst.

---

* Siehe Kapitel »Mir wär's lieber, kein Enkel des Kaisers zu sein«, Seiten 137 ff.

Von seiner Abstammung nach Kaiser Franz Joseph überzeugt: Hubert Pointinger vor dem kaiserlichen Schloss Schönbrunn im April 2007.

Das Grauwitzgut der Familie Pointinger existiert längst nicht mehr, Haus und Hof gingen in fremde Hände über und wurden später durch eine verheerende Überschwemmung zerstört. Das »Liebesnest« auf der Eisenau-Alm besteht hingegen nach wie vor.

Soweit die Geschichte des Herrn Pointinger. Ich schlug ihm vor, eine DNA-Analyse durchführen zu lassen, um zu klären, ob seine Angaben mit der Wirklichkeit übereinstimmten. Er dachte keine Minute nach, war sofort bereit dazu. Nun brauchten wir eine männliche Vergleichsperson, die mit Franz Joseph verwandt ist. Georg Hohenberg* – der Enkel des in Sarajewo ermordeten Thronfolgers

---

* Siehe Kapitel »Nach Sarajewo«, Seiten 197 ff.

101

Franz Ferdinand und somit ein Urgroßneffe des Kaisers – stellte sich freundlicherweise für die Abstammungsuntersuchung zur Verfügung.

Am 10. beziehungsweise 24. April 2007 wurden ihm und Hubert Pointinger je ein Mundhöhlenabstrich entnommen. Das Ergebnis war eindeutig: »Bei der Analyse von 16 DNA-Merkmalen des Y-Chromosoms wurden 10 Ausschlüsse festgestellt. Damit kann eine Verwandtschaft väterlicherseits zwischen den beiden Probanden ausgeschlossen werden.« Unterzeichnet Dr. Christa Nussbaumer, Allgemein beeidete und gerichtlich zertifizierte Sachverständige für forensische Molekularbiologie.*

Mit anderen Worten: Hubert Pointinger ist mit Georg Hohenberg definitiv nicht verwandt. Da er jedoch nach wie vor von seiner »kaiserlichen Herkunft« überzeugt ist, kündigte Herr Pointinger weitere DNA-Untersuchungen an. In seiner Familie seien so viele Details von den Besuchen des Kaisers überliefert – es gibt auch eine Fotografie der Theresia Pointinger mit Franz Josephs Bruder Ludwig Viktor –, dass für ihn feststeht, die kaiserliche Familie sei auf dem Grauwitzgut ein- und ausgegangen.

Es ist möglich, dass der Monarch ein Pantscherl mit Theresia Pointinger hatte. Ob diesem jedoch Kinder entsprungen sind, ist fraglich.

---

* Bei einer tatsächlich vorliegenden Verwandtschaft sollten alle Merkmale dieser Analyse übereinstimmen.

DER GELIEBTE VATER, DIE VERHASSTE MUTTER
Hans Mosers Familientragödie

Als ich aus Anlass von Hans Mosers hundertstem Geburtstag im Jahre 1980 eine Biografie über den großen Volksschauspieler schrieb, bat ich seine damals in Buenos Aires lebende Tochter Grete um ein Nachwort für dieses Buch. Sie schickte mir drei A4-Seiten, in denen sie sich an einen liebenswerten und hilfsbereiten Menschen erinnerte, der auch als Kinostar noch ein einfacher und bescheidener Mensch geblieben war. Auf ihre Mutter Blanca Moser kommt sie hingegen erst in den letzten Zeilen des Briefs zu sprechen. Und die sind ein einziger Aufschrei, der das Psychogramm einer Familie dokumentiert: »Ihn habe ich sehr geliebt. Schade, daß Männer nicht ohne Frauen Kinder bekommen können.«

Ihn habe ich sehr geliebt. Schade, daß Männer
nicht ohne Frauen Kinder bekommen können.

Gretl Hasdeu geb. Moser
Buenos Aires, 12. April 1980

Unglaubliche Aussage: Gretl Hasdeu in einem Brief über ihre damals bereits verstorbenen Eltern Blanca und Hans Moser

Was muss passiert sein, wenn eine Tochter für ihre Mutter nichts anderes empfindet als blanken Hass?

Ausgangspunkt für die Tragödie innerhalb der Familie Moser ist ein Konflikt, der sich über Jahrzehnte hinzog. Der noch unbekannte Schauspieler Hans Julier, der sich Moser nannte, hatte seine spätere Frau Blanca 1910 durch deren Brüder Alfred und Leo Hirschler kennen gelernt, die mit ihm am Stadttheater des böhmischen Badeortes Teplitz-Schönau engagiert waren. Ein knappes Jahr später wurde geheiratet, wobei die um zehn Jahre jüngere Frau sich für Hans Mosers berufliches Fortkommen als Glücksfall erweisen sollte. Blanca nahm die Karriere des genialen Komödianten in die Hand, klapperte mit ihm Kabaretts, Varietés und Nachtlokale ab, studierte mit ihm neue Rollen ein, handelte Verträge aus, kümmerte sich um Engagements. Vor allem aber machte sie ihm Mut, half ihm, seine Depressionen zu überwinden und ihn von einer beginnenden Alkoholsucht zu heilen.

1913 kam Grete, die einzige Tochter des Ehepaares, in Wien zur Welt. Sie wuchs in sehr bescheidenen Verhältnissen auf, da Hans Mosers überragendes Talent in dieser Zeit noch immer nicht erkannt worden war. Sein Aufstieg begann Mitte der Zwanzigerjahre, vorerst am Kabarett, dann an größeren Bühnen und schließlich beim Film, wo er endlich zu den meistbeschäftigten – und höchstbezahlten – Schauspielern des deutschen Sprachraums zählte.

Nach dem Einmarsch deutscher Truppen in Österreich im März 1938 wurde die Familie zerrissen, zumal Blanca Moser Jüdin war. Ein Brief, den Hans Moser an Hitler schickte – der diesen mehrmals als seinen Lieblingsschauspieler bezeichnet hatte – half nichts; Mosers Ansuchen, »die für Juden geltenden Sonderbestimmungen gnadenweise zu erlassen«, wurde abgewiesen. Blanca flüchtete nach Budapest, während ihre nach den Nürnberger Rassengesetzen als »Halbjüdin« eingestufte Tochter in Argentinien eine neue Heimat fand.

Hans Moser war gerade jetzt, da seine Popularität ihren Höhepunkt erreichte, einsamer denn je und wartete sehnsuchtsvoll auf die Rückkehr von Frau und Tochter. Die zahlreichen »Empfehlungen« von Propagandaminister Goebbels, sich scheiden zu lassen, lehnte er ab.

Ein rares Bilddokument aus glücklichen Tagen: Publikumsliebling Hans Moser mit Tochter Grete und Ehefrau Blanca.

Während Blanca nach Ende des Krieges nach Österreich zurückkehrte, blieb Grete in Argentinien. Es dauerte insgesamt zehn Jahre, bis Moser seine Tochter wieder in die Arme nehmen konnte. Das Ehepaar reiste im Frühjahr 1948 nach Buenos Aires, wo der Schauspieler mehrere Gastspiele an deutschsprachigen Bühnen gab. Die in Argentinien lebenden Wiener freuten sich über das Wiedersehen mit dem Publikumsliebling, und Grete war glückselig über die Begegnung mit dem geliebten Vater. Das Verhältnis zur Mutter war da schon um einiges kühler – aber noch lange nicht von jenen Feindseligkeiten getragen, die später zum Ausbruch kamen.

Die frühere Fremdsprachenkorrespondentin Lotte Kirchdorfer ist die letzte Zeitzeugin, die über die dramatischen familiären Vorgänge im Hause Moser Auskunft geben kann. Die 1925 geborene Wienerin ist die Nichte Hans Mosers, zu dem sie ein inniges Verhältnis hatte – nicht nur in den Jahren der nationalsozialistischen Herrschaft, als er – während Frau und Tochter außer Landes waren – bei ihr und ihrer Mutter Serafine in der Josefstädter Trautsongasse wohnte: »Mein Onkel war ein herzensguter, aber schwacher Mensch«, erinnert sich die Nichte. »Er war seiner Frau hörig und hätte es nie gewagt, ihr auch nur im Geringsten zu widersprechen. Sie war es auch, die die Finanzen verwaltete, Grundstücke und Häuser kaufte – und viel Geld für ihren eigenen Bedarf abzweigte. Sein Ruf, sparsam gewesen zu sein, entspricht keineswegs der Wahrheit, ganz im Gegenteil: Ich habe ihn als großzügigen Mann kennen gelernt – als zu großzügigen vielleicht. Nicht er war geizig, sondern seine Frau, die ihm nur kleinste Geldbeträge überließ. Sie selbst brauchte hingegen Unsummen für Mode- und Schmuckartikel, auf die sie großen Wert legte. Hans Moser hatte in seiner Ehe absolut nichts zu sagen, sie gab ihm praktisch keine Möglichkeiten, selbst irgendwelche Entscheidungen zu treffen.«

Hans' und Blancas Tochter Margarethe war seit 1935 mit dem rumänischen Kaufmann Martin »Mati« Hasdeu verheiratet, der sie in die Emigration nach Argentinien begleitete. Zur ersten großen Krise zwischen Mutter und Tochter kam es nach dem Krieg, als Grete die Eltern bat, sie bei der Gründung einer neuen Existenz in Buenos Aires finanziell zu unterstützen. »Sie wollte einen Teil des Erbes im Voraus erhalten, was Blanca ihr nie verziehen hat. Sie lehnte das brüsk ab«, erinnert sich Mosers Nichte Lotte Kirchdorfer. »Mein Onkel war sehr unglücklich darüber, wollte seiner Tochter unbedingt behilflich

»Er konnte sich gegen seine Frau nicht durchsetzen«: Nichte Lotte Kirchdorfer zwischen ihrem Onkel Hans Moser (links) und ihrem Vater. Am Strand von Rimini, 1938.

sein, konnte sich aber auch in diesem Punkt gegen seine Frau nicht durchsetzen.«

1955 brachte die 42-jährige Grete Hasdeu in Buenos Aires einen Sohn zur Welt, der ihr ganzes Glück wurde. Eine Tragödie legte nun einen weiteren Schatten über die Familiengeschichte: Der Bub starb im Alter von sechs Jahren an den Folgen einer Gehirnhautentzündung, die der behandelnde Arzt nicht rechtzeitig erkannt hatte. Von ihrer Mutter aus Wien erhielt Grete ein Telegramm mit dem trockenen Wortlaut: »Traurig über Verlust – froh, dass wir ihn nicht kannten – so leiden wir weniger.«

Durch den Tod des Kindes erreichte die Mutter-Tochter-Beziehung einen weiteren Tiefpunkt, da die verzweifelte Grete Hasdeu zwei Jahre später einen argentinischen Buben adoptierte, den sie Tommy nannte. Der Sohn wurde von Blanca nie akzeptiert, vielmehr verbreitete sie in Wien, dass Grete »einen Schwarzen« in die Familie gebracht hätte. Und dass sie es nicht zulassen würde, das Vermögen ihres Mannes künftig »in fremde Hände« gelangen zu lassen. Weder Hans Moser noch seine Frau sind dem Adoptivsohn ihrer Tochter je begegnet.

Der unter dem Einfluss seiner immer herrschsüchtiger werdenden Frau stehende Volksschauspieler litt unter der Situation, hatte aber nicht die Kraft, sich zur Wehr zu setzen. Und so verfügte Hans Moser testamentarisch: »Zu meiner Alleinerbin bestimme ich meine Frau Blanca. Meine Tochter Grete bitte ich, sich vorläufig mit dem Pflichtteil zu begnügen. Sie wird sicher verstehen, dass mir vor allem daran gelegen ist, meine Frau sicherzustellen. Hans Moser recte Julier e. h.«

Hinter diesem Schritt steckte Blanca Mosers Plan, die gemeinsame Tochter zu enterben, um so zu verhindern, dass der Besitz später an das »fremde Kind« gelangen würde.

Mehr als fünftausend Menschen nahmen am 24. Juni 1964, einem unfreundlichen Frühlingstag, auf dem Wiener Zentralfriedhof Abschied von der Legende Hans Moser, als diese in einem Ehrengrab der Stadt Wien die letzte Ruhe fand. Das Geleit gaben ihm Freunde und Weggefährten, von Paul Hörbiger über Hans Holt bis Paula Wessely.

Blanca Moser stand am offenen Grab, als der schlichte Holzsarg mit den sterblichen Überresten ihres Mannes in die Erde gelassen wurde. Nur eine fehlte bei der Trauerfeier: Hans Mosers Tochter Grete. Der Grund: Die Mutter hatte die Tochter in Argentinien nicht vom Ableben des geliebten Vaters verständigt, erzählte dafür aber im Bekanntenkreis, dass diese es nicht der Mühe wert fand, zu dessen Begräbnis anzureisen.

Nach dem Tod des Vaters wurde Margarethe Hasdeu der Pflichtteil in Höhe von 8000 Dollar auf zwei Raten überwiesen – ein geradezu lächerlicher Betrag, wenn man weiß, wie groß Mosers vor allem in Immobilien angelegtes Vermögen tatsächlich war: Der Star hatte neben der seit 1931 von ihm und seiner Frau bewohnten Familienvilla in Wien-Hietzing, Aufhofstraße 76, noch ein Grundstück in Schiefling am Wörther See sowie Miethäuser in Wien I., Tiefer Graben 26–28, und Wien IX., Hahngasse 22, hinterlassen. Dazu kamen Sparbücher und Wertpapiere, die auf Depots in Deutschland und in der Schweiz lagerten. Das Gesamtvermögen des Volksschauspielers belief sich – wie damals vom zuständigen Finanzamt errechnet – auf 28 Millionen Schilling*.

Während Blanca Moser nach dem Tod ihres Mannes also über ausreichende Geldreserven verfügte, musste Grete in Buenos Aires mit Mann und Adoptivsohn in äußerst beengten, ja ärmlichen Verhältnissen leben.

In den zehn Jahren, die Blanca Moser ihren Mann überlebte, weitete sich der Konflikt mit ihrer Tochter drama-

---

* Entspricht laut Statistik Austria im Jahre 2008 rund 8,4 Millionen Euro.

tisch aus. Meist ging es um finanzielle Fragen, aber auch persönliche Eifersucht der beiden Frauen spielte eine Rolle. »Der Höhepunkt der Feindseligkeiten war erreicht«, erinnert sich die Nichte, »als Grete bei Gericht die Entmündigung ihrer Mutter durchsetzen wollte – was ihr jedoch nicht gelang. Von da an gab es keinerlei Kontakt mehr zwischen Blanca und ihrer Tochter.«

Hans Mosers Witwe verfasste sechs Testamente, in denen sie die vorherigen jedes Mal widerrief. So verfügte sie am 25. Februar 1971: »Da meine Tochter Margarethe Hasdeu geb. Julier, wohnhaft in Buenos Aires, sich durch ihr Verhalten dem Andenken meines verewigten Gatten, ihres Vaters, und auch mir gegenüber für unwürdig erwiesen hat und durch Undankbarkeit ihr Recht verwirkt hat, auch nur den gesetzlichen Pflichtteil nach mir zu erben, erkläre ich ausdrücklich, dass ich meine Tochter enterbe.«

Das Testament war weder formell richtig aufgesetzt, noch hatte es dem Willen Hans Mosers entsprochen. Und der Pflichtteil kann laut österreichischem Recht einem direkten Erben nur dann entzogen werden, wenn er »den Erblasser im Notstand hilflos gelassen hätte« – was im Fall Margarethe Hasdeu nachweislich nicht der Fall war.

Zudem begann Blanca ihre allerletzte Verfügung – ausgestellt am 12. Januar 1973 – mit den Worten »Unter Widerruf sämtlicher früherer Testamente …«, womit die nunmehr 83-jährige Witwe Hans Mosers, sicherlich ungewollt, auch die Enterbung der Tochter rückgängig gemacht hatte.

Das Hauptproblem in dem Erbschaftsstreit war jedoch, dass Blanca Moser in ihrer Steuererklärung den Nachlass ihres Mannes nicht mit 28 Millionen beziffert hatte, wie es korrekt gewesen wäre. Vielmehr erklärte sie eidesstattlich, über eine Verlassenschaft im Gesamtwert von nur 525 000 Schilling zu verfügen.

Die falschen Angaben hatten zwei Gründe: Der erste stellte den Versuch dar, die Erbschaftssteuer zu umgehen. Der zweite – und für sie wichtigste – sollte dazu beitragen, die Tochter, gegen die sie einen mittlerweile krankhaften Hass entwickelt hatte, finanziell auszuhungern.

Deshalb gründete Blanca zwei Stiftungen, die nach ihrem Tod in den Genuss des verbliebenen Vermögens gelangen sollten: Eine zugunsten allein stehender Senioren. Und eine zugunsten krebs- und herzkranker Menschen. Beide Stiftungen bestehen bis zum heutigen Tage und unterstützen soziale und medizinische Forschungsprojekte.

Grete Hasdeu zog nach dem Tod ihrer Mutter im Jahre 1974 gegen deren letzten Willen vor Gericht. Es war die besondere Tragödie von Hans Mosers Tochter, dass ihr nach jahrelanger Prozessdauer 1989 – und damit 25 Jahre nach dem Tod ihres Vaters! – der Pflichtteil in Höhe von zwölf Millionen Schilling zugesprochen wurde. Sie starb wenige Wochen nach der Urteilsverkündung im Alter von 76 Jahren, ohne je in den Genuss ihres Erbes gekommen zu sein.

»Blancas Beziehung zu ihrer Tochter kann mit sachlichen Argumenten nicht erklärt werden«, meint Hans Mosers Nichte Lotte Kirchdorfer. »Ihr ging es in erster Linie darum, Grete das ihr zustehende Erbe vorzuenthalten. Hans Moser, der das Vermögen durch seine Schauspielkunst verdient hatte, war infolge seiner Schwäche nicht in der Lage, sich zu Wort zu melden. Ich weiß aus vielen Gesprächen mit ihm, dass er das alles sicher so nicht gewollt hatte.«

Was bleibt, sind jene Worte, die an Deutlichkeit nichts vermissen lassen: »Schade, dass Männer nicht ohne Frauen Kinder bekommen können.«

JOHANN STRAUSS ENTSCHULDIGT SICH
oder Wie ich den Donauwalzer rettete

Man führt mich durch lange, dunkle Gänge, ehe wir vor einem kahlen Raum Halt machen. Eine schwere Eisentür wird aufgesperrt, wir treten ein. Und stehen vor einem grauen Panzerschrank. In diesem liegen sie: die Originalnoten des Donauwalzers, eigenhändig niedergeschrieben von Johann Strauß.

Der Ausflug durch die geheimnisvollen Gänge und Schächte des Wiener Musikvereinsgebäudes fand kurz vor Weihnachten des Jahres 2006 statt. Und der Mann, der die Noten von Österreichs heimlicher Nationalhymne aus dem Safe holte und mir für ein paar Minuten anvertraute, heißt Josef Laister und ist Präsident des Wiener Männergesang-Vereins, in dessen Eigentum sich der Walzer *An der schönen blauen Donau* befindet.

Herr Laister hatte mich wenige Tage davor auf die dramatische Situation der Besitzverhältnisse des Donauwalzers hingewiesen: Der Wiener Männergesang-Verein steckte seit längerem schon in einer schweren Finanzkrise. Man hätte alles versucht, die Probleme zu lösen, sowohl Republik Österreich als auch Stadt Wien darauf aufmerksam gemacht, dass sich der Chor nicht mehr selbst erhalten könne. Doch man sei auf taube Ohren gestoßen.

Wenn nicht bald etwas geschieht, müsse der Gesang-

*Schöpfer der heimlichen National-
hymne Österreichs: Johann Strauß*

Verein seinen bei weitem wertvollsten Besitz verkaufen. Den Donauwalzer.

»Was kann ich für Sie tun, Herr Laister?«

»Machen Sie die Öffentlichkeit auf die Situation aufmerksam! Es gibt genügend Interessenten für diese Noten, aber wenn sie einmal verkauft sind, haben wir jede Kontrolle über sie verloren. Dann haben wir keinen Einfluss mehr darauf, in wessen Besitz sie vielleicht einmal gelangen. Bleibt die Partitur in Österreich oder würde sie auf dunklen Wegen ins Ausland geraten? Wir wissen es nicht.«

Und dann erzählte mir Herr Laister die Geschichte des von ihm verwalteten Heiligtums. Und damit die Geschichte jener Melodie, mit der Johann Strauß wie mit keiner anderen die Tiefen der österreichischen Seele erfasst hat. Der 42-jährige »Walzerkönig« hatte sie in seiner Wohnung in der Prater-

114

straße komponiert und dann dem Wiener Männergesang-Verein gewidmet, dessen Chormitglieder das Musikstück am 15. Februar 1867 im Zuge einer »Faschings-Liedtafel« im Ballsaal des Wiener Dianabades zur Uraufführung brachten. Damals freilich noch mit einem ziemlich holprigen Text, den der Wiener Polizeibeamte Josef Weyl verfasst hatte: »*Wiener seid froh! Oho, wieso? No-so blickt nur um, I bitt warum? Ein Schimmer des Lichts, Wir seh'n noch nichts …*«

»Noch nichts zu seh'n« war damals auch vom weltweiten Erfolg, den der Walzer dereinst feiern sollte – allerdings erst ab dem Jahre 1890, als ihn ein Oberlandesgerichtsrat namens Franz von Gernerth mit den neuen Worten »Donau, so blau« versah. Damit wurde das Werk zum großen musikalischen Wurf des »Walzerkönigs« und zur Jahrhundert-Melodie.

Und das, obwohl sich die Wiener auch über den neuen Text, im Besonderen über die Zeile »Donau so blau«, mokierten. Mit vollem Recht sogar, wie die Farbstimmung des Stroms in einer 1935 ganzjährig entnommenen Wasserprobe belegt: Die Donau bei Wien ist sechs Tage im Jahr braun, 55 Tage lehmgelb, 38 schmutziggrün, 49 hellgrün, 47 Tage grasgrün, 24 stahlgrün, 109 smaragdgrün, 37 dunkelgrün – aber niemals blau, nicht an einem einzigen Tag!

Was der künftigen Popularität des Walzers natürlich keinen Abbruch tat. Auch Johann Strauß konnte diese nicht erahnen, als er die Noten, unmittelbar nach der Uraufführung, dem Männergesang-Verein als Geschenk überließ. Seither befinden sie sich im Besitz des Chors – wie übrigens auch Originalnoten von Richard Wagner, Franz Liszt, Johannes Brahms, Anton Bruckner und Richard Strauss, die alle im Auftrag des Männergesang-Vereins komponiert hatten. Doch während der Wert dieser Noten nur wenige Tausend Euro beträgt, würde eine Versteigerung des Donauwalzers bis zu einer Million bringen und somit die Finanzkrise lösen.

Der Wiener Männergesang-Verein zählt zu den ältesten und traditionsreichsten Chören der Welt. 1843 gegründet, spielten seine bis zu fünfhundert Sänger im Kulturleben der Monarchie eine bedeutende Rolle. Es gehörte zu Lebzeiten von Johann Strauß zur Tradition des Vereins, alljährlich im Fasching einen Liederabend zu veranstalten. Der Donauwalzer wurde unter der Leitung des Chormeisters Rudolf Weinwurm uraufgeführt, dessen Name übrigens in riesigen Lettern auf dem Plakat stand. Und winzig klein darunter: »Johann Strauß, k. k. Hofballmusik-Director«.

Ich glaubte meinen Augen nicht trauen zu können, als ich die Noten im Musikvereinsgebäude für ein paar Minuten in Händen hielt. Findet sich doch auf Seite 1 des Klavierauszugs die an Chor, Musiker und Kopisten gerichtete handschriftliche Bemerkung: »Bitte ob der schlechten und unsauberen Schrift um Verzeihung – ich mußte binnen weniger Minuten damit fertig werden. Johann Strauß.«

Bescheidener geht's nicht. Johann Strauß entschuldigt sich für den Donauwalzer!

Am 24. Dezember 2006 veröffentlichte ich unter dem Titel »Rettet den Donauwalzer!« einen Artikel im *Kurier*, der die verantwortlichen Kulturpolitiker aufforderte, es

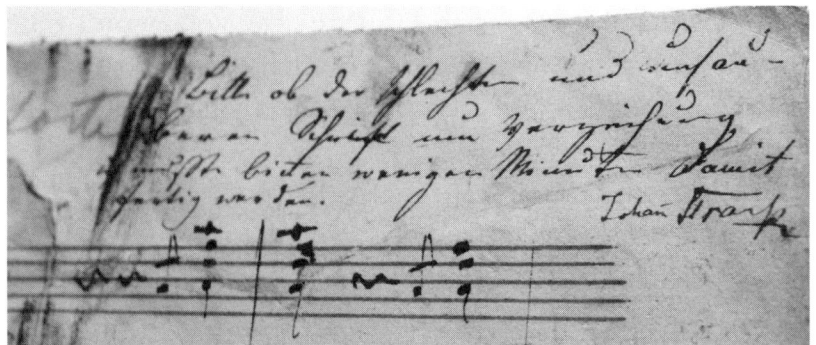

»Bitte ob der schlechten und unsauberen Schrift um Verzeihung, ich mußte binnen weniger Minuten damit fertig werden«: Johann Strauß entschuldigt sich für den Donauwalzer – bescheidener geht's nicht.

nicht zuzulassen, dass ein Stück nationaler Identität für immer verloren gehen könnte.

Das Echo war immerhin so groß, dass mir im Jahr darauf vom Wiener Männergesang-Verein die *Schubert-Medaille in Gold* verliehen wurde – die höchste Auszeichnung, die der Chor zu vergeben hat. Wie Präsident Laister erklärte, hätte der Artikel »eine Lawine von Nachfragen losgelöst. Es gab kaum eine Zeitung in Europa, die den Bericht vom drohenden Verkauf nicht zitiert hätte, und im Internet wurden 14 200 Einträge zum ›Verkauf des Donauwalzers‹ registriert.« Herr Laister erhielt Interviewanfragen aus aller Welt. Ein Interessent aus Japan ließ ihn sogar wissen, dass er den Donauwalzer unter allen Umständen kaufen würde, »und wenn Sie die Noten allein nicht hergeben, dann kaufen wir den ganzen Männergesang-Verein«.

Vor allem konnten Republik und Stadt Wien nun nicht mehr tatenlos zusehen, dass die Partitur eines Tages vielleicht in falsche Hände gelangen würde. Am 15. Februar

2007, dem 140. Geburtstag des Donauwalzers, wurde eine Privatstiftung gegründet, mit dem Ziel, die Originalnoten des Donauwalzers im Besitz des Männergesang-Vereins belassen zu können.

In diesem befinden sie sich heute noch. Sie lagern im Safe des Raumes, in dem ich sie für wenige Minuten in Händen halten durfte. Und dort werden sie hoffentlich für alle Zeiten bleiben.

EINE REDE, DIE NICHT GEHALTEN WURDE
Leopold Figls legendäre Weihnachtsbotschaft

Wien, am 24. Dezember 1945. Leopold Figl hält eine Radioansprache, die so manchen Österreicher bis zum heutigen Tag in emotionale Rührung zu versetzen imstande ist:

> *Ich kann euch zu Weihnachten nichts geben. Ich kann euch für den Christbaum, wenn ihr überhaupt einen habt, keine Kerzen geben. Kein Stück Brot, keine Kohle zum Heizen, kein Glas zum Einschneiden. Wir haben nichts. Ich kann euch nur bitten: Glaubt an dieses Österreich!*

Dieser Appell des österreichischen Bundeskanzlers zur ersten Friedensweihnacht nach sechs Jahren Krieg und Terror wird heute noch an jedem Heiligen Abend zitiert, und im Radio sendet man sogar das Originalband. Das Originalband?

Wohl kaum. Denn Figl hat diese Rede im Jahre 1945 nicht gehalten. Jedenfalls nicht in dieser Form. Wieso aber haben wir alle noch die Worte des legendären Politikers im Ohr?

Zum ersten Mal in Frage gestellt wurde die Ansprache vom mittlerweile verstorbenen Historiker und *Zeit im Bild*-Chefredakteur Horst Friedrich Mayer, nachdem er im Jahre

2001 alle Figl-Reden, die Archive des österreichischen Rundfunks und sämtlicher Zeitungsredaktionen durchforstet hatte, ohne einen einzigen Hinweis auf die Existenz des dramatischen Aufrufs gefunden zu haben. »Auch in den täglichen Ankündigungen der Radioprogramme«, schreibt Mayer im *Lexikon der populären Irrtümer Österreichs,* »ist keine Weihnachtsansprache des Bundeskanzlers vermerkt«.

Richtig ist, dass der Kanzler nach dem Krieg in seinen Kontakten mit der Bevölkerung immer wieder darauf hinwies, dass es nichts zu verschenken gäbe, woraus im Lauf der Zeit die Legende entstanden war, Figl hätte dies in einer Radioansprache gesagt. Und wenn er es schon gesagt hat, dann natürlich zu Weihnachten.

Großer Schnitt, zwanzig Jahre später. Auf dem Wiener Stephansplatz wird 1965 am 20. Jahrestag der Gründung der Republik ein großes Fest vorbereitet. Hans Magenschab, einer der Organisatoren der Feier, hat die Idee, Figls »historische Rede« zuspielen zu lassen. Aber woher nehmen, wenn es sie gar nicht gibt?

Magenschab wandte sich an den damaligen Rundfunkmitarbeiter und späteren Fernsehintendanten Ernst Wolfram Marboe – einen Großneffen Figls. Und der versprach, den damals bereits schwerkranken Altbundeskanzler mit dem Problem zu konfrontieren. Marboe bestätigte mir gegenüber auf Anfrage: »Ich hab den Onkel Schwips – so nannten wir Figl in der Familie – einfach gefragt, ob er mir die Rede auf Band sprechen würde, und das hat er dann, obwohl er zu diesem Zeitpunkt schon sehr schwach war, auch getan.«

Leopold Figl bei einer seiner legendären Ansprachen – jene, die er zu Weihnachten 1945 gehalten haben soll, gab es jedoch gar nicht.

Figl las die fünf Sätze vom Blatt. Woher aber kam der Wortlaut einer »Rede«, die nie gehalten wurde? Der Text war 1962 zum ersten Mal in einer Festschrift zu Figls sechzigstem Geburtstag abgedruckt worden. Und aus der las Figl nun, mit schwacher Stimme, kurz vor seinem Tod. »Wie die Sätze in die Festschrift gekommen sind, ist unklar«, meint Robert Sedlaczek, der dem Phänomen in der *Wiener Zeitung* nachging. »Die Herausgeberin der Festschrift konnte sich daran nicht mehr erinnern. Ich halte es für wahrscheinlich, dass Figl gefragt worden ist: ›Was war damals Ihre Botschaft an die Österreicher?‹ In einer Art Rückbesinnung könnte er gesagt haben: ›Ich kann euch zu Weihnachten nichts geben …‹«

Die Figl-Rede war also keine Rede, sondern eine Erinnerung daran, wie er damals ganz allgemein mit der Bevölkerung und im Parlament gesprochen hatte. Der Ordnung halber sei noch angefügt, dass weder Marboe noch Magenschab je behauptet haben, die Rede würde aus dem Jahre 1945 stammen. Der Mythos hat sich selbstständig gemacht und dürfte wohl – wie manch anderer in Österreich – nicht mehr aus der Welt zu schaffen sein.

Also wird man das »Originalband« der Figl-Rede auch zur nächsten Weihnacht wieder im Rundfunk senden.

So schnell lassen wir uns unsere Mythen nicht aus der Welt schaffen.

WIE ICH STIFT MELK
ZU EINER STANDUHR VERHALF
oder Das Wunder im Benediktinerkloster

Zeitungsberichte sind für den Tag geschrieben, an dem sie erscheinen. 24 Stunden später interessiert das im Allgemeinen niemanden mehr. Ich aber kann zumindest auf einen Beitrag verweisen, mit dem ich Jahrzehnte nach seinem Erscheinen immer noch ein paar Menschen glücklich mache. Es sind dies die Mönche des Benediktinerstifts in Melk an der Donau.

Es war im September 1970 – ich hatte eben erst meinen Dienst als junger Reporter im Ressort »Chronik« angetreten –, da erfuhr ich, dass in einem kleinen Uhrengeschäft auf der Hernalser Hauptstraße in Wien eine dreihundert Jahre alte Standuhr zur Reparatur abgegeben wurde. Das Außergewöhnliche an der Geschichte war die Tatsache, dass die Uhr 3,40 Meter hoch war, die Tür des Uhrmachergeschäfts aber nur zwei Meter. Also musste die von Holzwürmern befallene Antiquität vom Uhrmacher Ludwig Prokop in ihre Einzelteile zerlegt und dann im Geschäft wieder zusammengefügt werden, ehe der Meister überhaupt an deren aufwändige Instandsetzung denken konnte. So lautete damals auch der Titel meines Berichts: »Uhr größer als das Geschäft, in dem sie repariert wird.«

Meinem Aufsatz war zu entnehmen, dass die Uhr nach zweijährigen Renovierungsarbeiten ihrer Fertigstel-

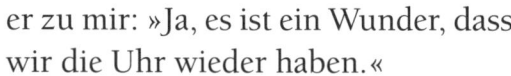

lung entgegensah. Womit der Artikel für mich erledigt schien. Bis ich viele Jahre später das Benediktinerstift in Melk besuchte und dort einer »alten Bekannten« begegnete: Der fabelhaft renovierten Standuhr aus Meister Prokops Geschäft.

Abt Burkhard Ellegast, der mich durch das Kloster führte, fiel auf, dass ich eine Weile vor dem Riesenchronometer verharrte und ihn nicht aus den Augen ließ. Da sagte

er zu mir: »Ja, es ist ein Wunder, dass wir die Uhr wieder haben.«

»Wieso?«, fragte ich.

»Sie war vor vielen Jahren in sehr schlechtem Zustand, da brachte sie ein Verwandter unseres damaligen Abtes zur Reparatur. Einige Zeit später starb der Mann und niemand im Kloster wusste, wohin er sie gebracht hatte. Wir wussten nur, dass sich die Uhr bei einem Wiener Uhrmacher befände. Aber in Wien gibt's viele Uhrmacher. Und so hatten wir die Hoffnung bald aufgegeben, unsere prachtvolle Uhr je wieder zu bekommen.«

»Aber dann«, schmunzelte Abt Burkhard, »haben wir im *Kurier* einen Artikel über jene Uhr gelesen, die größer war als das Geschäft, in

Wieder im Benediktinerstift Melk: die mehr als dreihundert Jahre alte Standuhr.

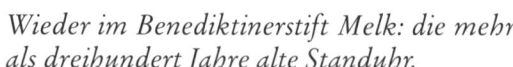

124

dem sie repariert wurde.« Der Abt erkannte sie auf dem Foto und fuhr zum Uhrmachermeister Prokop auf die Hernalser Hauptstraße. Da stand sie vor ihm, in ihrer ganzen Pracht, mit total überholtem Uhrwerk, das ihr die alte Präzision wieder schenkte.

Die Uhr wurde neuerlich in ihre Einzelteile zerlegt, aus dem Geschäft getragen und zurück zu den Benediktinern gebracht.

Seit meinem Besuch in Melk sind auch schon wieder ein paar Jahre ins Land gezogen. Inzwischen hat das Stift in Georg Wilfinger einen neuen Abt, für den die alte Uhr »eines unserer Prunkstücke« ist. Sie steht, für alle sichtbar, in einem der ersten Räumlichkeiten, die der Besucher betritt.

Mein kleiner Zeitungsbericht aus dem Jahre 1970 hat's möglich gemacht.

DER MANN, DER SICH HARRY BRAUN NANNTE
Erinnerungen an Gerhard Bronner

Als ich an meinem Buch *Die Enkel der Tante Jolesch* schrieb, war ich auf der Suche nach Geschichten, die diesen – zugegebenermaßen gewagten – Titel rechtfertigen würden, den Friedrich Torberg mit seiner ebenso amüsanten wie berührenden Anekdotensammlung vorgegeben hatte. Glücklicherweise hatte ich noch Zeitzeugen wie Helmut Qualtinger, Karl Farkas, Hugo Wiener, Marcel Prawy, Ernst Haeusserman oder Billy Wilder getroffen, die mir so manche Pointe aus dem Umfeld der zweiten oder dritten Tante-Jolesch-Generation überließen.

Als wichtige Quelle sollte sich auch Gerhard Bronner erweisen, den ich, als ich noch sehr jung war, kennen gelernt hatte. Doch das erste Zusammentreffen war alles andere als viel versprechend verlaufen. Während meine gleichaltrigen Freunde in die Disco gingen, schwärmte ich fürs Kabarett – und damit natürlich auch für Bronner und seine damals schon klassischen Nummern: vom *Wilden mit seiner Maschin* über den *Bundesbahnblues* bis zum *G'schupften Ferdl*. Ich war etwas zu jung, um Helmut Qualtinger im Kärntnertortheater gesehen zu haben, doch in den siebziger Jahren konnte man Bronner am Klavier der Fledermaus-Bar in der Spiegelgasse erleben, wo er diese und andere Lieder spätabends vortrug.

Eines Abends kam ich dort, als er zwischen zwei Songs

zufällig neben mir an der Bar saß, mit Bronner ins Gespräch. Ich glaubte die Gunst der Stunde nützen zu können, gab mich als Reporter zu erkennen und erkundete, ob er bei Gelegenheit für ein Interview zur Verfügung stehen würde.

»Ein Interview?«, fragte er, mich kaum eines Blickes würdigend, »worüber sollen wir reden?«

»Über die große Zeit des Wiener Kabaretts, die Marietta-Bar, das Intime Theater, das Theater am Kärntnertor. Und über Ihre Zusammenarbeit mit Qualtinger, Georg Kreisler und Louise Martini«, schlug ich enthusiastisch vor.

»Wissen S' was«, vermeldete Gerhard Bronners sonores Organ, »haben S' mich gern« – und wenn ich nicht irre, waren die von ihm gewählten Worte noch etwas deftiger. Dann wandte er sich von mir ab und einem anderen Barbesucher zu.

Dass ich mit demselben Gerhard Bronner Jahre danach in Freundschaft verbunden sein würde, hätte ich an diesem Abend nicht erwarten können. Und doch. Seine erste, ablehnende Reaktion hatte ich mir in meiner damaligen Ahnungslosigkeit selbst eingebrockt, zumal Bronner mit all den Genannten, über die ich mit ihm reden wollte, eine erbitterte Gegnerschaft verband. Weder mit Louise Martini noch mit Kreisler oder Qualtinger wechselte er ein Wort, zwischen den handelnden Personen, die zur Wiener Kabarettelite gehörten, herrschte »Krieg«.

Ein Krieg, in den ich viel später, wenn auch nur am Rande, hineingezogen wurde. Qualtinger war mittlerweile nicht mehr am Leben, als Bronner öffentlich verkündete: »Was uns von Qualtingers Jahrhundertbegabung geblieben

Ein Bild aus den Glanzzeiten des Wiener Kabaretts: Helmut Qualtinger und Gerhard Bronner in einer »Travnicek«-Episode, 1957.

ist, das sind einige mittelmäßige Filme, etliche Lieder, die ich für ihn geschrieben habe, und *Der Herr Karl.*« Und dann noch: »Die vielen vergeblichen Entwöhnungskuren, die er hinter sich hatte, hinterließen tiefe Spuren. Wenn Qualtinger nüchtern war, langweilte er mich. Wenn er betrunken war, widerte er mich an.« Qualtinger hätte sich schließlich, so Bronner, »zu Tode gesoffen«.

129

Das war zu viel für Qualtingers Witwe Vera Borek, die sich nun mit der Bitte an mich wandte, ihr in einem Zeitungsartikel Gelegenheit zu geben, auf Bronner antworten zu können. Und ihre Reaktion lautete so: »Entweder hat Bronner keine Ahnung, was Qualtinger auch außerhalb des Kabaretts geleistet hat, oder er ist – was wahrscheinlicher ist – von Bösartigkeit getrieben. Jeder weiß, dass Qualtinger nicht gerade abstinent lebte, aber Bronners Aggression gegen meinen Mann, der sich nicht mehr wehren kann, ist mehr als geschmacklos. Qualtinger hat zehn Jahre lang gegen den Alkohol angekämpft, zum Teil mit Erfolg, sonst hätte er nicht immer wieder in großen Rollen auf der Bühne stehen können. Man wird kaum einen Großen ohne Schwächen finden. Bei einem Mann vom Format Helmut Qualtingers ist es aber nicht wichtig, ob und wie viel er getrunken, sondern nur, was er geleistet hat.«

Nun bat ich Bronner um eine Stellungnahme zur Stellungnahme, und diese klang so: »Frau Borek hat übersehen, dass ich, neben kritischen Passagen über seine Film- und Theatertätigkeit, auch geschrieben habe: ›Am Kabarett war er mit nichts und niemandem zu vergleichen, geschweige denn zu ersetzen. Da war er der König. Er ist wie eine Kerze, die an beiden Enden brannte, viel zu früh erloschen. Eine Begabung wie ihn wird es nie wieder geben.‹«

Erstaunlicherweise brachte mir dieser Artikel, der doch ziemlich vehemente Angriffe auf Bronner enthielt, eine gewisse Zuneigung seinerseits ein, weil ich Vera Boreks Aussagen nicht unkommentiert abgedruckt hatte, sondern ihm auch Gelegenheit gab, darauf reagieren zu können.

Da Bronners Fledermaus zu diesem Zeitpunkt nicht mehr existierte, fanden sich die Freunde der Wiener Klein-kunst inzwischen in Bela Korenys Broadway-Piano-Bar am Bauernmarkt ein. Und wieder traf ich Gerhard Bronner, der dort Abend für Abend saß. Die Broadway-Bar war sein zweites Wohnzimmer, in dem er sich mit Freunden und Bewunderern umgab. Wann immer er Lust hatte, ging er zur großen Freude aller Anwesenden zum Klavier und spielte seine Klassiker – und das waren immer noch *Der Wilde mit seiner Maschin*, *Der g'schupfte Ferdl*, *Der Papa wird's scho richten* oder *Weil mir so fad is*.

Bronner hatte als Folge einer Steueraffäre ein paar Jahre in Florida gelebt, um nach Begleichung seiner Schulden doch wieder nach Wien zurückzukehren. In langen Näch-

Begegnungen in der Wiener Broadway-Piano-Bar: Gerhard Bronner

131

ten in der Broadway-Bar erzählte er Einzelheiten seines dramatischen Lebens: Aufgewachsen in Wien-Favoriten als Sohn eines Tapezierers und einer Näherin, gelang ihm nach Hitlers Machtergreifung als einzigem Mitglied einer jüdischen Familie die Flucht. Er nannte sich Harry Braun und kam auf abenteuerliche Weise nach Palästina, wo er mehrere Jahre als musikalischer Leiter des englischen Soldatensenders tätig war, ehe er 1948 nach Wien zurückkehrte.

Viel öfter freilich erzählte er Geschichten, die für mein Projekt *Die Enkel der Tante Jolesch* wie geschaffen waren. Etliche Anekdoten kamen naheliegenderweise aus dem Bereich des Kabaretts, so manche noch aus der Zeit zwischen den Kriegen:

Der geniale Fritz Grünbaum – berichtete Bronner einmal – hatte in den Zwanzigerjahren das Angebot bekommen, eine in Berlin laufende Komödie für ein Wiener Theater zu adaptieren. Er fuhr mit seinem Co-Autor Paul Morgan an die Spree, um sich das dort erfolgreich laufende Boulevardstück anzusehen.

Doch schon nach wenigen Sätzen wurde ihnen klar, dass das Lustspiel für Wien ungeeignet und in seiner Witz- und Geistlosigkeit auch sonst unerträglich war. Grünbaum flüsterte Morgan ins Ohr: »Paul, ich halt das nicht länger aus, ich geh!«

»Das kannst du nicht machen«, erwiderte Paul Morgan, »wir sind eingeladen, man kann nicht einfach weggehen, wenn man Freikarten hat!«

Grünbaum beugte sich diesem Argument, meldete sich aber nach weiteren fünf Minuten neuerlich zu Wort: »Ich ertrage diesen Schwachsinn nicht. Ich geh!«

Und wieder beschwichtigte Morgan: »Ich sag dir doch, das kannst du nicht machen! Wir haben Freikarten!«

Neuerlich vergingen fünf Minuten, in denen das Stück seinen unaufhaltsam dümmlichen Verlauf nahm. Einmal noch neigte sich Grünbaum seinem Partner Morgan zu. Und sagte jetzt: »Ich hab genug. Ich renn zur Kassa, kauf zwei Karten und geh nach Hause.«

Wenn Bronner – stets eingenebelt in dicke Rauchschwaden, die aus seinem Zigarettenspitz drangen – Derartiges zum Besten gab, klopfte sich seine Fangemeinde vor Lachen auf die Schenkel. Er vergaß allerdings nie, auch die Schicksale der Protagonisten solcher Geschichten zu erwähnen: Grünbaum wie Morgan hatten den Naziterror nicht überlebt, beide waren in Konzentrationslagern zugrunde gegangen.

Mir wäre es peinlich gewesen, jedes Mal Papier und Bleistift zu zücken, wenn Bronner an unserem Tisch diese oder jene Episode erzählte. Er muss damals geglaubt haben, dass ich über eine schwache Blase verfüge, denn kaum hatte er ein paar solcher Geschichten von sich gegeben, ging ich aufs Klo der Broadway-Bar, um sie mir wenigstens stichwortartig zu notieren – aus lauter Angst, die Pointen auf dem Nachhauseweg schon wieder vergessen zu haben. So habe ich wenigstens einige seiner Schnurren gesammelt und veröffentlicht.

Kein anderer wusste auch nur annähernd so viel aus der Filmbranche zu erzählen wie Gerhard Bronner. Der Kino-Enthusiast kannte nicht nur die Inhalte wichtiger Filme, sondern auch deren Entstehungsgeschichten, über die er amüsant plaudern konnte. So auch über den Hollywood-klassiker *Zeugin der Anklage*: Dessen Regisseur Billy Wilder war sich von Anfang an im Klaren darüber, dass Marlene Dietrich die ideale Besetzung für die Rolle der Varietésängerin Christine sei, die ihren Mann am Ende eines langen Prozesses im Gerichtssaal tötet. Als Billy Wilder die damals 57-jährige Diva traf, um sie für *Zeugin der Anklage* zu gewinnen, lehnte diese mit der Begründung ab, dass sie das Publikum so in Erinnerung behalten sollte, wie sie in jüngeren Tagen ausgesehen hatte.

Nach längeren Verhandlungen gelang es Wilder dennoch, die Zusage der Dietrich zu erhalten – jedoch nur unter der Bedingung, dass ein bestimmter Maskenbildner, mit dem sie schon einmal gearbeitet hatte, zur Verfügung stünde. Da es Billy Wilder gelang, des Schminkmeisters habhaft zu werden, konnten die Probeaufnahmen beginnen.

Ein paar Tage später sahen sich Regisseur und Hauptdarstellerin gemeinsam die ersten Szenen des Films an. Die Dietrich war entsetzt.

»Billy, um Himmels willen«, beklagte sie sich, »ich sehe schrecklich aus, es ist eine Katastrophe!«

»Ja, weißt du, Marlene«, erwiderte Wilder, »du darfst nicht vergessen, dass der Maskenbildner seit eurem letzten Film um zehn Jahre älter geworden ist!«

Bronner war übrigens keineswegs bös darüber, dass ich die eine oder andere seiner Episoden – mit Quellenangabe – in die *Enkel der Tante Jolesch* aufnahm, ganz im Gegenteil, er freute sich darüber. »Immer wenn ich mich hinsetz' und ein Buch schreibe«, sagte er, »fallen mir diese Geschichten nicht ein. Jetzt hast du sie wenigstens einmal niedergeschrieben.«

Ein Vierteljahrhundert war vergangen, seit er mich aus der Fledermaus-Bar beinahe hinausgeschmissen hatte. Nun schien die Zeit gekommen, auch über seine einstigen Mitstreiter zu sprechen. Die Weisheit des Alters hatte ihn ein wenig milder gestimmt, aber auf eine gute Pointe, die sich gegen Georg Kreisler, seinen kongenialen Kabarettpartner von damals, richtete, konnte und wollte er nicht verzichten.

Zum Verständnis dieser Begebenheit muss erwähnt werden, dass es in den Fünfzigerjahren die Vermutung gab, Kreisler hätte sein bekanntestes Chanson *Geh ma Tauben vergiften im Park* dem amerikanischen Lied *Poisoning Pigeons in the Park* von Tom Lehrer »nachempfunden«. Nun saß Bronner eines Abends am Flügel der Broadway-Bar, um wieder einmal seine Klassiker anzuspielen. Die Gäste riefen ihm die Titel seiner Lieder zu, die sie von ihm hören wollten, und Bronner kam den Wünschen der Zuschauer bereitwillig nach.

Als nach dem *G'schupften Ferdl* und dem *Bundesbahnblues* ein Gast jedoch forderte, »Herr Bronner, spielen S' *Geh ma Taubenvergiften im Park*«, entgegnete er: »*Taubenvergiften* ist nicht von mir.«

Dann wandte er sich dem Herrn im Publikum zu und sagte: »Es ist nicht einmal vom Kreisler!«

Georg Kreisler revanchierte sich irgendwann nicht unelegant. Auf die Frage eines Journalisten: »Was kann Gerhard Bronner besser als Sie?«, antwortete er: »Ger-

135

hard Bronner kann besser schlechte Lieder schreiben als ich!«

In seinen späten Lebensjahren genoss Bronner, der sich mit der zeitkritischen Form des Kabaretts nicht nur Freunde geschaffen hatte, seine immer größer werdende Popularität. Wurde einst Qualtinger mit dem *G'schupften Ferdl* und anderen Chansons so sehr identifiziert, dass viele dachten, er hätte sie auch geschrieben, so hatte sich inzwischen herumgesprochen, dass sie alle von Bronner stammen. Seine langjährige Bühnenpartnerin und Weggefährtin Elfriede Ott fand im Jänner 2007, in ihrer Abschiedsrede auf dem Wiener Zentralfriedhof, einen Ausweg aus der Trauer: »Wir nehmen nicht zur Kenntnis, dass es den Gerhard nicht mehr geben soll. Er lebt einfach weiter!«

»MIR WÄR'S LIEBER, KEIN ENKEL DES KAISERS ZU SEIN«
Weitere Nachfahren

Hans Lebert war ein bedeutender Schriftsteller, dessen literarische Tätigkeit mit höchsten staatlichen Auszeichnungen versehen wurde. Elfriede Jelinek bezeichnete seinen Roman *Die Wolfshaut* als »eines der größten Leseerlebnisse meines Lebens«.

Anna Nahowski

Als ich Professor Lebert* im Sommer 1986 in seiner schönen alten Villa in Baden bei Wien besuchte, dauerte es nicht lange, bis er auf seine Großmutter zu sprechen kam. Sie hieß Anna Nahowski und hatte eine langjährige Beziehung mit Kaiser Franz Joseph, der zwei Kinder entstammen sollen. Eine DNA-Analyse wie im Fall Pointinger war hier nicht nötig. Die Indizien und Beweise sprechen für sich.

»Meine Großmutter war eine einfache Frau«, begann Hans Lebert zu erzählen, »sie war nicht besonders vornehm und hat breiten Wiener Dialekt gesprochen. Aber in ihrer Jugend, als sie dem Kaiser zum ersten Mal begegnete, ist sie sehr schön gewesen. Ein dralles Mädchen, wie das damals modern war.«

---

* Hans Lebert (1919–1993)

137

Zum Unterschied von anderen kaiserlichen Affären hat Anna Nahowski in all den Jahren, in denen sie mit Franz Joseph liiert war, sämtliche Begegnungen feinsäuberlich in ihren Tagebüchern aufgelistet, in denen Details genannt werden, die als sicherer Hinweis für eine Beziehung anzusehen sind.

Es ist der 8. Mai 1875, an dem der 45-jährige Kaiser bei einem Spaziergang durch den Schönbrunner Schlosspark zum ersten Mal die 15-jährige Anna trifft. Seine Gemahlin, Elisabeth, ist wie so oft auf Reisen, da notiert Anna: »Um 6 Uhr früh waren wir im Park und begegneten einem Offizier, der verwundert auf mich starrte und sich nicht satt sehen konnte und sich unzählige Male nach mir umdrehte. Mein Dienstmädchen sagte mir, dies sei der Kaiser. ›Wirklich?‹, frug ich und alles Blut drängte sich zum Herzen. Der Kaiser, auf den ich einen großen Eindruck gemacht haben muss, versuchte mir von allen möglichen Seiten zu begegnen.«

Tage später kommen Kaiser und Anna bei einem weiteren Treffen im Schlosspark ins Gespräch. »Plötzlich hielt Er mir seine Hand entgegen, ich wusste nicht, was Er wollte. Gleich darauf umschlang er meine Taille, schnell machte ich mich los und reichte Ihm meine Hand, welche Er herzlich drückte und mit Bewunderung sagte: ›Welch schöne Hand!‹ Ich wollte sie Ihm entziehen, doch Er hielt mich fest … Er beugte sich herab und küsste die Hand. Ich stand verwirrt und wusste nicht, wie mir geschah.«

Es sollten drei Jahre ins Land ziehen, ehe der Kaiser die junge Frau nach mehreren solcher Treffen im Schlosspark endlich fragt, ob er sie in ihrer in Mariahilf gelegenen Wohnung besuchen dürfte. Sein Begehr ist eindeutig: »Wenn ich komme, werden Sie das lästige Mieder nicht haben … Wissen Sie was«, fuhr er fort, »wenn Sie mich lieb haben, erwarten Sie mich im Bett.«

Die Liebesbeziehung beginnt im September 1878 und dauert von da an elf Jahre.

Es ist klar, dass Seine Apostolische Majestät der Kaiser von Österreich und König von Ungarn seine Geliebte auf Dauer nicht in einer kleinbürgerlichen Wohnung in der Vorstadt Mariahilf besuchen kann. Weshalb er ihr im Mai 1880 eine standesgemäße Villa in der Hietzinger Maxingstraße – praktischerweise vis-à-vis von Schloss Schönbrunn gelegen – kaufte, in der er sie fortan heimsuchte.

»Meine Großmutter hat vier Kinder zur Welt gebracht«, setzte Hans Lebert seine Erzählung fort. »Johann Heuduk, ihr erster Mann, war mit Bestimmtheit der Vater ihrer ältes-

»Erwarten Sie mich im Bett«: Anna Nahowski mit »Kaiserkindern« Helene, Franz Joseph.

139

ten Tochter Carola. Doch als die Kinder in ihrer zweiten Ehe mit Franz Nahowski geboren wurden, war sie längst mit dem Kaiser liiert.«

Tatsächlich gibt es keine seriösen Zweifel daran, dass Tochter Helene und Sohn Franz Joseph Kinder des Monarchen sind.

Helene, Jahrgang 1885, studierte Gesang und heiratete im Alter von 26 Jahren den bedeutenden Komponisten Alban Berg. »Tante Helene«, berichtete Hans Lebert, »war eine überaus interessante und schillernde Persönlichkeit, die große Liebe ihres Mannes und seine wichtigste Muse.«

Als einen weiteren Zeitzeugen dieser außergewöhnlichen Familiengeschichte suchte ich Helene und Alban Bergs in Wien lebenden Neffen Erich Alban Berg auf, der mir das Tonband eines Gesprächs vorspielte, das er am 18. Februar 1973 mit Helene Berg geführt hatte. Hier ein Auszug, der vermuten lässt, dass sie selbst von ihrer Verwandtschaft mit dem Kaiser überzeugt war. »Dem Franzl* hat er eine Uhr geschickt, der Kaiser, da war in Email das Jugendbild vom Kaiser drauf, das lange, schmale Gesicht, wie es auch der Franzl g'habt hat … Später, da waren wir schon erwachsen, sind wir die Maxingstraße hinaufgegangen nach Haus, die Mama in der Mitte, und da ist der Kaiser mit dem Tschako an uns vorbeigefahren – und den hat's gerissen. Da ist er die ganze Zeit bis zur Gloriettegasse, wo er eingebogen ist, verkehrt gesessen und hat uns nachgeschaut.«

---

* Gemeint ist Helenes Bruder Franz Joseph Nahowski

Das Leben ihres Bruders Franz Joseph nahm einen weit weniger glücklichen Verlauf als das von Helene. Der 1889 geborene Knabe wurde von Kindheit an von einem schweren Nervenleiden geplagt. Franz Joseph Nahowski, der als talentierter Maler beschrieben wird, musste viele Jahre in psychiatrischen Anstalten zubringen. Am 18. August 1930, dem hundertsten Geburtstag Kaiser Franz Josephs, trennte er sich in der Kapuzinergruft mit einem Rasiermesser den kleinen Finger seiner linken Hand ab und deponierte ihn »als Sühne«, wie er sagte, am Sarkophag des Kaisers. Er wurde daraufhin in die Nervenklinik Am Steinhof eingeliefert. 1942 starb er in den Armen seiner Schwester Helene, die ihn gemeinsam mit Alban Berg bis zuletzt rührend umsorgte.

»Tante Helene hat nur tiefsinnig gelächelt«: Hans Lebert.

»Fragte man meine Tante Helene dezidiert, ob der Kaiser ihr Vater war«, erinnerte sich Hans Lebert, »hat sie nur tiefsinnig gelächelt. Eine Antwort war nicht aus ihr herauszubekommen.«

Anna Nahowskis viertes Kind wurde auf den Namen Anna getauft. Sie war Hans Leberts Mutter und soll die Tochter von Ehemann Nummer zwei, Franz Nahowski, gewesen sein. Anna Nahowski notierte kurz nach der Geburt des Kindes ins Tagebuch: »Sie gedeiht prächtig und hat dasselbe Gesicht wie der Nahowski.« Dennoch gab es auch in diesem Fall Gerüchte einer kaiserlichen Abstammung, die Hans Lebert so kommentierte: »Mir persönlich wär's lieber, kein Enkel des Kaisers zu sein.«

Als Franz Josephs Besuche nur noch sporadisch erfolgen, stellt Anna den Kaiser zur Rede. Der nunmehr 56-Jährige begründet sein immer seltener werdendes Erscheinen damit, »langsam älter« zu werden – vergisst aber hinzuzufügen, dass er gerade zu diesem Zeitpunkt drauf und dran ist, in der Schauspielerin Katharina Schratt eine neue Gefährtin zu finden*.

Bald danach das traurige Ende. 1889 – kurz nach der Tragödie von Mayerling – bittet Friedrich Freiherr von Mayr, der Generaldirektor des Kaiserlichen Familienfonds, die Nahowski in sein Büro in der Hofburg. Nicht der Kaiser teilt ihr mit, dass es »aus« sei, sondern ein Beamter. Anna ist verbittert, will den langjährigen Geliebten sprechen, wird aber nicht vorgelassen. Sie begegnet ihm nie wieder. Im Auftrag des Kaisers wird sie mit einer großzügigen Summe neuerlich abgefunden. Die Nahowski bestätigt am 14. März 1889 schriftlich den Erhalt des Geldes, »ferner schwöre ich, dass ich über die Begegnung mit Seiner Majestät jederzeit schweigen werde.«

Anna hat nie aufgehört, den Kaiser zu lieben. »Als er längst tot war«, erzählte Hans Lebert, »hat sie immer noch um ihn getrauert und damit ihrem Mann Franz Nahowski das Leben zur Hölle gemacht. Ich erinnere mich, dass in Großmutters Schlafzimmer bis zu ihrem Tod ein gerahmtes Bild Kaiser Franz Josephs mit Trauerflor hing. Sie hat es

---

* Siehe Kapitel »Warum gerade die Schratt?«, Seiten 223 ff.

einfach nicht verkraftet, nicht mehr die Mätresse des Kaisers zu sein, sondern nur eine einfache Bürgersfrau.«

Anna Nahowski starb 1931 im Alter von 71 Jahren in Wien. Ihrer Tochter Helene übergab sie zuvor die Tagebücher, die diese später der in der Nationalbibliothek befindlichen Alban-Berg-Stiftung anvertraute.

BERUF WITWE
*Die fünfte und doch einzige Frau
des Robert Stolz*

Ihr Beruf war Witwe, und den beherrschte sie virtuos. In den fast drei Jahrzehnten, die Einzi Stolz ihren Mann überlebte, wurde sie dank ihres unermüdlichen Einsatzes beinahe so berühmt wie er selbst es war.

Sie hatte sich, seit ich sie kannte, kaum verändert, erschien immer in dem schlichten schwarzen Kleid mit der zur Brosche umgearbeiteten silbernen Krawattennadel, die ihr Mann angeblich von Kaiser Karl geschenkt bekommen hatte. Als ich Robert Stolz im August 1973 – bei einem Fest aus Anlass seines 93. Geburtstags – am Wiener Cobenzl zum ersten Mal sah, drückte sie ihm blitzschnell einen Kugelschreiber und ein Exemplar einer Stolz-Biografie in die Hand, in das er mir mit schon etwas zittriger Hand »Meinem lieben Freund Georg Markus« schrieb.

So schnell hatte ich nie wieder einen Freund gewonnen, doch zur Vertiefung dieser Freundschaft blieb leider keine Zeit, weil ich den letzten Meister der Wiener Operette nie mehr sehen sollte – er starb zwei Jahre später in Berlin. Aber mit seiner Witwe verband mich tatsächlich eine Freundschaft, die bis zu ihrem Tod im Jänner 2004 andauerte.

Das Buch samt Widmung hatte Frau Stolz mir nicht geschenkt, weil sie mich so nett fand, sondern weil jeder Mensch, der irgendwann in die Lage kommen könnte, über ihren Robert zu schreiben, für sie ein potentieller Verbündeter war.

Und so wurde ich im Lauf der Jahrzehnte von Frau Stolz mit Hunderten Briefen bombardiert, die heute noch einen mittelgroßen Karton meines Archivs füllen. Keine Neuigkeit in Sachen Stolz sollte an mir vorübergehen; da wurde ein Weg nach ihm benannt, dort ein Denkmal errichtet oder eine CD gepresst. – Nichts sollte mir entgehen, ob ich wollte oder nicht, mir wurden sämtliche Informationen zugespielt. Doch so sehr das PR-Genie die Verbreitung aller Einzelheiten über ihren toten Mann forcierte, so zurückhaltend war sie mit der Geschichte ihres eigenen Lebens. Die vertraute sie mir erst an, als sie ihren neunzigsten Geburtstag feierte.

Yvonne Louise Ulrich, so ihr Mädchenname, war am 1. Mai 1912 als Tochter einer jüdischen Familie in Warschau zur Welt gekommen, wo ihr Vater als Schriftsteller und Philosoph tätig war. Sie arbeitete in einer Export-Import-Firma, deren Direktor sich in die schöne junge Frau verliebte, sie heiratete und mit ihr nach London übersiedelte.

»Aber das Leben an der Seite eines viel beschäftigten Mannes langweilte mich«, erzählte Einzi Stolz, »deshalb beschloss ich, Jus zu studieren.«

Und zwar in Paris. Yvonne Louise übersiedelte im Mai 1939 mit ihrer einjährigen Tochter Clarissa an die Seine, wo man sie bald »Einzi« rief, weil sie die Einzige war, die bedürftige Emigranten finanziell unterstützte. »Eines Tages«, setzte sie ihre Geschichte fort, »saß ich mit dem Komponisten Paul Abraham und anderen Freunden im Künstlercafé

Cristal, da kam Robert Stolz zur Tür herein.« Man unterhielt sich angeregt, und als Stolz das Lokal verließ, sagte Einzi zu Paul Abraham: »Es klingt verrückt, aber ich werde diesen Mann heiraten!«

Das klang in der Tat verrückt, und noch mehr als das: Sie wusste nicht einmal, wer der um 32 Jahre ältere, in Graz geborene Komponist wirklich war. Yvonne sollte aber bald Gelegenheit haben, ihm ihre Zuneigung beweisen zu können, zumal Robert Stolz kurz nach dem Kennenlernen als »feindlicher Ausländer« verhaftet und in ein französisches Internierungslager gesteckt wurde. Einzi erfuhr davon und hob von ihrem Konto 20 000 Francs ab, um mit dem Geld einen Beamten zu bestechen – und Stolz kam frei!

»Als ich wieder in London war, gestand mir Robert in Briefen, dass auch er mich liebte. Ich schenkte meinem Mann reinen Wein ein – und er verhielt sich anständig, wollte nur, dass ich glücklich werde. Einer Scheidung würde er aber erst zustimmen, sobald ich ihm den Mann zeigte, der mich heiraten wollte.«

Doch dafür war jetzt keine Zeit, denn Einzi begleitete Robert Stolz in die USA, wo dieser – bereits in Wien und Berlin als Film- und Operettenkomponist erfolgreich gewesen – ein umjubelter Dirigent wurde. In seine Heimat wollte er nicht zurück, so lange dort die Nazis herrschten.

Nach dem Krieg stimmte ihr erster Mann der Scheidung zu, worauf Yvonne und Robert heiraten konnten. »Und von da an waren wir, so lange er lebte, keinen Tag voneinander getrennt«, erklärte sie. »Er war ein genialer Komponist, wurde aber mit dem Alltag nicht fertig. Ich war seine Muse und seine Managerin – und beides brauchte er.«

Sie erzählte mir all das in der geräumigen Ringstraßenwohnung am Wiener Robert-Stolz-Platz, dessen Benennung sie Jahre davor dank ihrer Beharrlichkeit bei der Stadt Wien durchgesetzt hatte. Hier schien die Zeit stehen geblieben zu sein. Einzi Stolz führte mich durch Rauch- und Musikzimmer, zeigte mir den Biedermeiersalon mit seinen schweren Teppichen, dem Kristallluster und den antiken Möbeln. An allen Ecken und Enden lagen Originalpartituren des Meisters, seine Handschriften und Fotografien. Und mittendrin der schwarze Steinwayflügel, auf dem ein Großteil seiner Melodien entstanden war. Robert Stolz hatte in dieser Wohnung seit 1934 gelebt, ehe sie von den Nazis beschlagnahmt und dem Rüstungsminister Albert Speer zur Verfügung gestellt wurde. Danach bezog sie ein sowjetischer Besatzungsoffizier, der die Wohnung noch vor dem Abzug der Siegermächte an Robert Stolz – und seine neue Frau – retournierte.

Seine Managerin ist sie über seinen Tod hinaus geblieben. »Ich bin immer noch für ihn da«, erklärte die rüstige Witwe, deren Tagwerk auch mit neunzig noch damit ausgefüllt war, Gott und die Welt über Robert Stolz auf dem Laufenden zu halten: »In meinem Computer sind 30 000 Adressen in allen Ländern der Welt gespeichert, ich korrespondiere mit Theaterdirektoren, Kapellmeistern, Sängern, Journalisten und Radiomoderatoren. Wo immer ich rieche, dass da etwas für Robert herausschauen könnte, wird hingeschrieben, werden Platten und Fotos verschickt.«

Mit Erfolg. Denn die Musik von Robert Stolz zählt auch heute noch – neben der von Strauß und Lehár – zur meist gespielten im Bereich der leichten Muse.

148

»Er wurde mit dem Alltag nicht fertig«: Robert und Einzi Stolz.

Auf ihrem Bankkonto, behauptete Einzi, hätten sich die künstlerischen Triumphe jedoch kaum niedergeschlagen. »Robert hat, ehe wir uns kennen lernten, die Rechte seiner populärsten Chansons verkauft, weil er immer Geld brauchte« – darunter Hits wie *Im Prater blühn wieder die Bäume, Ob blond ob braun ich liebe alle Frauen* oder *Die ganze Welt ist himmelblau*. Die Tantiemen streiften nun Musikverlage ein, weshalb Einzi Stolz »nicht so reich ist, wie die Leute meist glauben, aber auch nicht so arm, dass man sich Sorgen machen müsste«.

Ich kannte mehrere der »lästigen Witwen«, wie gewisse Nachlassverwalterinnen ob ihrer Beharrlichkeit oft genannt wurden, aber keine war so nobel in ihrer Lästigkeit, hatte so viel Witz und Charme wie Einzi Stolz. Einige Wochen vor ihrem Tod im Jänner 2004 bat sie mich in ihre Wohnung, um mir von neuen Stolz-Projekten in China und Gott weiß wo noch überall zu berichten.

Burgtheaterdirektor Ernst Haeusserman hat sie vielleicht am besten charakterisiert, als er nach Roberts Tod meinte: »Ja, wenn ich die Einzi zur Witwe hätt, könnt ich auch beruhigt sterben.«

»MEIN OPA GUSTAV KLIMT«
Von den vielen Frauen und Kindern eines Genies

Gustav Klimt

Gustav Klimt hat Hunderte Mädchen porträtiert, von denen sich viele seiner faszinierenden Persönlichkeit nicht entziehen konnten. So kam es, dass nach seinem Ableben die Mütter von 14 Kindern im Verlassenschaftsakt angaben, dass Klimt deren Vater sei – in sechs Fällen wurde dies gerichtlich anerkannt. Wie viele seiner Enkel heute noch leben, weiß niemand. Einen von ihnen lernte ich im Juni 2006 kennen.

Ich traf ihn in Klimts letztem Atelier in der Feldmühlgasse 11 in Wien-Hietzing. Er sei stolz darauf, der Enkel des Malers zu sein, sagt Gustav Zimmermann und freut sich, »dass seine Werke am internationalen Kunstmarkt einen so hohen Stellenwert* haben. Noch schöner wär's gewesen, hätte man Klimts wahre Bedeutung schon zu seinen Lebzeiten erkannt.«

Gustav Zimmermanns Großmutter hieß Maria Zimmermann und war eines der Modelle des Malers. »Mizzi«, wie

---

* Klimts »Goldene Adele« wurde 2006 vom US-amerikanischen Unternehmer Ronald Lauder als teuerstes Bild der Welt um 107 Millionen Euro ersteigert.

151

Klimt sah Maria Zimmermann zum ersten Mal im Herbst 1897 vor seinem Atelier in Wien.

Klimt sie nannte, brachte zwei Söhne zur Welt, die der Maler als seine Kinder anerkannte. »Gustav Klimt und meine Großmutter haben einander im Herbst 1897 vor seinem damaligen Atelier auf der Josefstädter Straße 21 kennen gelernt«, erzählte der 1939 geborene Gustav Zimmermann. »Ich vermute, dass sie dort nicht ganz unabsichtlich flanierte, denn sie wusste, dass er junge, hübsche Mädchen ansprach.«

»Wollen Sie sich von mir malen lassen?«, eröffnete Klimt das Gespräch mit der jungen Frau, die zu diesem Zeitpunkt bei ihren Eltern in einer bescheidenen Wohnung in der Vorstadt Ottakring lebte. Klimt wusste, wie man hübsche Mädchen für sich einnahm und schlug den 18. November für einen Besuch in seinem Atelier vor. Das Treffen wurde dann kurzfristig verschoben, weil der Maler just an diesem Nachmittag einen anderen Termin wahrnehmen musste, doch am darauf folgenden Dienstag sollte es klappen, ist der erhalten gebliebenen Korrespondenz Klimts mit der Tochter eines Haustischlers und einer Weißnäherin zu entnehmen.

Mizzi wird zum wichtigen Impuls seiner Kreativität. »Wie viel künstlerische Inspiration und Anregung danke ich Ihnen«, schreibt er ihr, »wie viele schöne Bilder entstanden in meinem Kopfe, im Geiste beim Anblick Ihrer schönen Gestalt, welche ich ahnen konnte, mit dem schönen Hals, dem lieben Kopf darauf, mit dem prachtvollen Haar, wie oft habe ich davon gesprochen.«

Es dürfte nicht allzu lange gedauert haben, bis die 18-jährige Mizzi in seinen Armen lag. Doch als das erste Kind unterwegs war, zeigte Klimt sich verzweifelt. »Wie schön wäre alles gewesen unter normalen Umständen. Von Ihrem ersten Kommen an fühlte ich Sie als eine Art Verhängnis, ich ahnte, es wäre besser, Sie kämen nicht, aber ich konnte Sie nicht missen, der Künstler kam mit dem Menschen in Widerspruch.«

Klimt mietete eine Wohnung für die neue Geliebte, gleich ums Eck von seinem Atelier, in der Tigergasse 38 Tür 17, in der Sohn Gustav am 1. September 1899 das Licht der Welt erblickte. Klimt sagte von Anfang an, dass er Maria nicht heiraten könnte, aber für sie sorgen würde, als wäre sie seine Frau. Er verpflichtete sich zur Zahlung von monatlich 20 Gulden*, die dann tatsächlich einigermaßen regelmäßig in Briefen beigelegt wurden – auch wenn er sich angeblich finanziell unter Druck gesetzt fühlte: »Ich habe meine arme Mutter und unversorgte Schwestern zu erhalten«, schreibt er an Maria, ehe er fortfährt: »Weinend hat mir mein Vater am Totenbette ihr Schicksal ans Herz gelegt, mich gebeten, sie nie zu verlassen – ich muss meine Pflicht, meine Mission erfüllen, geschehe, was da wolle! Ich habe für das werdende Leben, für Sie selbst zu sorgen für alle

---

* Entspricht laut Statistik Austria im Jahre 2008 rund 230 Euro.

Zukunft, ich will es in väterlichster Weise, Sie sollen versorgt werden, als wären Sie meine Frau, ohne dass ich Ihnen nur im Geringsten wieder nahe trete.«

Ein Vorsatz, dem er nicht treu bleiben sollte. Brachte Mizzi doch am 13. Juni 1902 Klimts zweiten Sohn Otto zur Welt, der aber nach zweieinhalb Monaten starb.

Die Illusion, seine einzige Geliebte zu sein, hatte Maria Zimmermann nie. »Ein oder zwei Mädchen warteten fast immer im Vorraum seines Ateliers«, ist Klimt-Biografien zu entnehmen. Die Modelle waren ihm Musen, Kaffeeköchinnen, Objekte der Begierde. Er schreibt seiner Mizzi – im Februar 1899 – auch ganz offen, »dass ich niemals ein Weib lieb haben darf und durfte, weil es jederzeit und immer Unglück und wieder Unglück brachte, für das Weib und für mich, namenlos, und nie war's anders. Ich weiß nicht, warum oder weiß es und will's nicht wissen … Ich weiß nur eines sicher, dass mich jedes schöne gute Weib meiden soll, nur schauen soll, von der Ferne schauen, und nichts Anderes. Es war immer Unglück, ob ich mich in Tugend hielt oder nicht.«

Klimts Vaterschaft wurde in sechs (von 14 verhandelten) Fällen gerichtlich bestätigt:

- Zunächst die Söhne Maria Zimmermanns, Gustav und Otto.
- Gleichzeitig gab es eine weitere »Mizzi«, das Wäschermädchen Maria Ucicky, das ab dem siebzehnten Lebensjahr als Modell für ihn arbeitete. Ihr Sohn – der nur zwei Monate vor Gustav Zimmermann zur Welt kam – wurde später als umstrittener Regisseur bekannt: Gustav Ucicky drehte 1941 den Nazi-Propagandafilm *Heimkehr*,

für den er nach dem Krieg zwei Jahre lang mit Arbeits-
verbot belegt wurde.

• Nachweislich ist Klimt auch der Vater dreier Kinder der
Consuela Camilla Huber, die seit ihrem fünfzehnten
Lebensjahr als seine Haushälterin arbeitete. Auch hier
trug der Erstgeborene (wie in allen anderen Fällen)
Klimts Vornamen Gustav, die beiden anderen wurden
Charlotte und Wilhelm getauft.

Klimts Modelle kamen aus ganz unterschiedlichen Gesellschaftsschichten: Da waren die Frauen aus großbürgerlichem Milieu wie etwa Adele Bloch-Bauer. Klimt-Forscher
sind sich uneins, ob sein berühmtestes – mit einem Indus-
triellen (nicht sehr glücklich) verheiratetes – Modell ein
Verhältnis mit dem Maler hatte.

Weitere Modelle aus den oberen Gesellschaftsschichten
waren Sonja Knips, die zu Klimts großzügigsten Mäzenin-
nen zählte, sowie Serena Lederer, die 1940 erklärte, dass
ihre Tochter Elisabeth nicht das Kind ihres jüdischen Ehe-
mannes sei, sondern das des »Ariers« Gustav Klimt. Dessen Vaterschaft wurde von der »Reichsstelle für Sippen-
forschung« anerkannt, doch es ist wahrscheinlich, dass
Serena den Maler nur genannt hatte, um ihr Kind vor den
Nazis zu schützen. Auf eine Beziehung deutet ihre Aussage
auf jeden Fall hin. Die anderen Freundinnen Klimts waren
»süße Mädeln« aus den Wiener Vorstädten, meist arme
Geschöpfe, die er als Modelle seiner Aktstudien großzügig
honorierte.

Der Maler hat selbst viel dazu beigetragen, dass so viele
Gerüchte um sein Liebesleben in Umlauf kamen. »Wer
über mich etwas wissen will«, versuchte er Privates zu ver-

Klimts Bleistiftskizze von seiner Geliebten Maria Zimmermann

schleiern, »der soll meine Bilder ansehen. Als Person bin ich nicht interessant.«

Klimt war auch peinlich darum bemüht, »die Affäre mit meiner Großmutter geheim zu halten«, berichtet Gustav Zimmermann. Darüber hinaus hatte der Maler eine ständige Partnerin: Emilie Flöge war die Besitzerin eines Modesalons und begleitete Klimt jahrzehntelang in die Oper und zu gesellschaftlichen Anlässen. Gustav Zimmermann vermutet, dass Emilie über die Affäre mit seiner Großmutter und anderen Frauen Bescheid wusste.

Der in Breitenfurt bei Wien lebende Bankkaufmann i. R. hat von Großmamas Liebe aus erster Hand erfahren. »Sie wurde 96 Jahre alt und hat mir, ehe sie 1975 starb, viel von Klimt und ihrer Beziehung zu ihm erzählt. Sie sprach auch über Enttäuschungen, verwendete aber nie ein negatives Wort, er war ihre große Liebe.«

Im Gegensatz zu anderen Bekanntschaften des Meisters hielt die mit Mizzi mehrere Jahre. Maria Zimmermann ging auch in die Kunstgeschichte ein, ist sie doch auf dem 1899 entstandenen Bild *Schubert am Klavier* porträtiert. »Wie tief schnitt es mich ins Herz«, schreibt er an sie, »als man mich bei meinem letzten Bild – dem Schubertbilde – so oft fragte,

›Wer ist diese?‹ und ich hätte ihnen sagen müssen, ›das ist ein gutes und schönes Kind, welches ich in Jammer und Not gebracht‹ – es ist zu schmerzlich, zu viel des Wehs.« Klimt hatte das Schubertbild für das Palais Dumba am Wiener Parkring gemalt, das 1945 von abziehenden Nationalsozialisten auf Schloss Immendorf in Brand gesteckt und damit vernichtet wurde. Geblieben ist eine von Klimts Hand gezeichnete Bleistiftskizze Marias.

Wann Mizzis Beziehung zu dem Maler auseinander ging, wissen wir nicht. Er zahlte für den Sohn, so lange er lebte, ließ sie aber irgendwann mit all ihren Sorgen und Gefühlen allein. Von da an führte Maria Zimmermann das typische Schicksal einer verlassenen Geliebten zur Jahrhundertwende. Klimt lehnte jedes persönliche Gespräch ab – der weitere Kontakt erfolgte nur noch über seinen Anwalt. Prekär wurde die Situation nach Klimts Tod. Maria wollte, als der 56-Jährige im Februar 1918 nach einem Gehirnschlag im Sterben lag, zu ihm, »wurde aber von Emilie Flöge und seiner Familie nicht vorgelassen«, berichtet der Enkel.

Laut Testament erbten Maria Zimmermann und ihr Sohn Gustav aus Klimts Nachlass den eher bescheidenen Betrag von viertausend Kronen*. »Die vielen Bilder, die er meiner Großmutter zu Lebzeiten schenken wollte, hat sie leider nicht angenommen, sie wollte nur Bargeld, das sie zum Überleben brauchte.«

Nach Klimts Tod gerät Mizzi in große finanzielle Not. Sie arbeitet als Näherin und Schaffnerin, ehe sie 1931 den um

---

* Entspricht laut Statistik Austria im Jahre 2008 rund 1600 Euro.

»Ich bin stolz darauf, Klimts Enkel zu sein«: Gustav Zimmermann vor dem Atelier seines Großvaters in Wien-Hietzing.

zwanzig Jahre älteren pensionierten Straßenbahnkondukteur Leopold Graindl heiratet. Nach dessen Tod im Jahre 1937 erhält sie eine kleine Rente, mit der sie ein bescheidenes Auskommen findet. Maria Zimmermann stirbt 1975 im Alter von 96 Jahren, fast erblindet, im Pflegeheim Lainz.

Gustav Zimmermann und seinen beiden Brüdern blieben die Briefe, die Klimt an ihre Großmutter geschrieben hat. Und eine Originalzeichnung des Genies: Ein Porträt des früh verstorbenen Klimt-Sohnes Otto Zimmermann.

»Wer immer über Klimt richten mag«, erklärt sein Enkel noch, als ich mich von ihm verabschiede, »sollte bedenken, dass sein Werk bei einer anderen Lebensweise in dieser Form wohl nicht existieren würde.«

HITLER RETTET EINE SYNAGOGE
oder Der »Führer« irrt sich

Das 20. Jahrhundert ist an Absurditäten wahrlich nicht arm, dass aber Adolf Hitler den Abbruch eines jüdischen Bethauses verhindert haben soll, übersteigt vieles, das man für denkbar hält. Natürlich hat der »Führer« nicht gewusst, was er da tat.

In der niederösterreichischen Stadt Bruck an der Leitha gab es einst eine jüdische Gemeinde, deren Mitglieder jahrhundertelang in Frieden lebten. Schlimm wurde die Situation erst, als Herzog Albrecht V. um 1420 in finanzielle Schwierigkeiten geriet. Er tat, was andere Herrscher vor und nach ihm taten: Er erklärte die Juden für die Schuldigen, konfiszierte ihr Vermögen und vertrieb sie.

Da es in Bruck an der Leitha nunmehr fast keine Juden mehr gab, nützte man das zwischen 1300 und 1350 errichtete Gemäuer der Synagoge für andere Zwecke, zeitweilig diente sie auch als Weinkeller und Getreidespeicher.

Als der bekannte Kunsthistoriker Richard Donin im Jahre 1936 auf den mittelalterlichen Bau aufmerksam wurde, beantragte er, das rund sechshundert Jahre alte Gewölbe unter Denkmalschutz zu stellen – wohl, um dessen weiteren Verfall und den jederzeit möglichen Abbruch zu verhindern. Zur Beschleunigung des Verfahrens schwin-

159

»Überlebte« durch einen Irrtum der Nazis: die alte Synagoge von Bruck an der Leitha.

delte er den Behörden der christlichsozial regierten Ersten Republik vor, dass das Gebäude einst eine katholische Kapelle beherbergt hätte, wofür es freilich keinerlei Beweise gab oder gibt. Gleichzeitig verschwieg er, dass hier in Wahrheit eine Synagoge etabliert gewesen war. Der findige Kunstexperte dürfte davon ausgegangen sein, dass der christliche Ständestaat eine katholische Kapelle eher schützen würde als eine ehemalige Synagoge.

Dies galt erst recht, als die Nazis im März 1938 in Österreich einmarschierten. Bald danach fiel den neuen Machthabern der noch unerledigte Antrag des Kunsthistorikers in die Hände, dem daraufhin sofort stattgegeben wurde. So steht die alte Synagoge paradoxerweise seit Dezember 1938 unter Denkmalschutz.

Der Historiker und Publizist Lucian Meysels ist sogar der Ansicht, dass Hitler – als er kurz nach dem »Anschluss« nach Bruck an der Leitha kam – von Einwohnern auf die Problematik des Bauwerks aufmerksam gemacht wurde und sich dann persönlich für die Rettung des »von treudeutschen bajuwarischen Siedlern« errichteten gotischen Kulturerbes einsetzte.

Die Nationalsozialisten haben demnach ein jüdisches Bethaus gerettet. Zerstört haben sie allein in Österreich weit mehr als hundert.

DAS BILDNIS EINER SCHAUSPIELERIN
Gusti Wolfs Porträt in der Burgtheatergalerie

Gusti Wolf

Es war in ihrem vorletzten Lebensjahr, da führte mich die Schauspielerin Gusti Wolf in die Ehrengalerie des Burgtheaters. Dort befindet sich ein Porträt, das sie in ihren jungen Jahren zeigt. Dieses Bild, sagte sie, würde ihr ganzes Leben schildern.

»Ich war eineinhalb Jahre alt, als meine Mutter starb«, begann ihre Erzählung, »und bin als Arbeiterkind mit zwei älteren Brüdern in unvorstellbarer Armut in Wien-Favoriten aufgewachsen. Mit fünfzehn war ich einen Sommer lang als Babysitter bei einer Wiener Familie beschäftigt, die in der Steiermark Urlaub machte. In derselben Pension wohnte damals, im Jahre 1927, der Maler Felix Albrecht Harta mit seiner Frau und seinen beiden Kindern.«

Zwischen der armen Gusti und den Kindern des wohlhabenden Künstlers, dessen Name einst neben denen von Klimt, Schiele und Kokoschka genannt wurde, entwickelte sich eine innige Freundschaft. »Vor allem mit seiner Tochter Eva, die in meinem Alter war, verstand ich mich so gut«, berichtete Gusti Wolf, »dass mich die Familie Harta eines Tages allen Ernstes fragte, ob ich bei ihr bleiben wollte. Da

»Er und seine Familie legten den Grundstein für mein späteres Leben«: der Maler Felix Albrecht Harta, fotografiert im Jahre 1953.

mein Vater und meine Stiefmutter erleichtert waren, mich in diesen schweren Zeiten nicht mehr ernähren zu müssen, konnte ich ohne weitere Probleme in das große Atelier Harta auf der Mariahilfer Straße 36 übersiedeln.«

Gusti Wolf lernte eine für sie völlig neue Welt kennen.

»Die Familie behandelte mich wie ihr eigenes Kind, das waren die gütigsten und wertvollsten Menschen, die ich je kennen gelernt habe. Ich wollte Malerin werden, bekam Zeichenunterricht und hatte ein wunderbares Leben, wie ich es bis dahin nicht für möglich gehalten hätte. Mein Dasein hat eigentlich erst ab diesem Zeitpunkt richtig begonnen. Die Familie Harta war es, die den Grundstein für mein späteres Leben legte.«

Dass Gusti Wolf dann doch nicht Malerin wurde, verdankt sie einer Bahnfahrt, die sie im Jahr 1933 von Wien nach Salzburg führte. In ihrem Abteil saß ein Schauspieler, der ihr den Weg zum Theater weisen sollte. »Jetzt erst wusste ich, dass die Bühne meine wirkliche Bestimmung sein würde.«

Der Familie Harta hielt sie weiterhin die Treue. Auch in schweren Zeiten. Das jüdische Ehepaar flüchtete 1939 mit seinen Kindern nach England, blieb aber soweit dies während des Krieges möglich war, mit Ziehtochter Gusti Wolf in Kontakt.

Felix Albrecht Harta, wiewohl heute ein wenig in Vergessenheit geraten, zählte zu den bedeutendsten Malern seiner Zeit. Er hatte 1919 in Salzburg die Künstlervereinigung *Der Wassermann* gegründet, der auch Kokoschka und Anton Faistauer angehörten, und war Mitglied des *Hagenbundes*. Hartas Bilder werden nach wie vor in vielen großen Museen der Welt gezeigt. »Das Porträt von mir«, erklärte Gusti Wolf und zeigte hinauf zu dem großen Ölbild, »hat er 1935 gemalt. Und ich bin froh und glücklich, dass es an meinem 85. Geburtstag vom Burgtheater gekauft und in die Ehrengalerie aufgenommen wurde. Mein Leben«, schloss sie ihre kleine Geschichte, »hat sich durch die Begegnung mit der Familie Harta völlig verändert. Hätte ich ihre kunstsin-

Wurde in die Ehrengalerie des Burgtheaters aufgenommen: Gusti Wolfs Porträt, gemalt von Felix Albrecht Harta.

165

nige und liberale Welt nicht kennen gelernt, wäre ich nie in der Lage gewesen, zum Theater zu gehen.«

Felix Albrecht Harta starb am 27. November 1967 im Alter von 83 Jahren in Salzburg, Gusti Wolf am 5. Mai 2007 in Wien. Von den 95 Jahren ihres Lebens war sie 73 Jahre lang am Burgtheater aufgetreten – zuletzt noch wenige Wochen vor ihrem Tod.

DER GROSSVATER DER PSYCHOANALYSE
Sigmund Freuds Enkel erzählt

Er war ein Großpapa, wie ihn jeder sich wünschen würde, sehr menschlich und immer freundlich. Er sprach langsam und überlegt, und was er sagte, gab einem zu denken.« Mit diesen Worten begann Ernest Freud seine Erinnerungen an den weltberühmten Großvater hervorzukehren.

Als ich im Herbst 1988 daran ging, eine Sigmund-Freud-Biografie zu schreiben, begab ich mich nebst intensivem Studium der Freud'schen Lehre auch auf die Suche nach Zeitzeugen. Wobei es sich als gar nicht so leicht erwies, Menschen zu finden, die ihn noch persönlich gekannt hatten. Derjenige, der ihm am nächsten stand, war zweifellos Ernest Freud, der damals als

»Ein Großpapa, wie ihn jeder sich wünschen würde«: Sigmund Freud mit Enkel Ernest, fotografiert von Max Halberstadt.

167

Psychotherapeut – spezialisiert auf die Probleme früh geborener Kinder – in Köln lebte. »Natürlich bin ich Freudianer«, sagte er, »aber nicht nur, weil er mein Großvater war, sondern auch aus echter und ehrlicher Überzeugung.«

Ernest Freud war 1914 als Sohn von Sigmund Freuds mittlerer Tochter Sophie und des Porträtfotografen Max Halberstadt zur Welt gekommen. Von seinem Vater stammen Freuds weltberühmtes Porträt mit Zigarre und eine ganze Reihe von Familienbildern.

»Für mich war er nicht der ›Vater‹, sondern der ›Großvater der Psychoanalyse‹, schmunzelte Ernest Freud. »Er war das Oberhaupt einer Wiener Großfamilie, mit ihrer eigenen Kultur, mit eigenen Werten. Es war eine jüdische Familie, die aber in keiner Weise orthodox war, eine intellektuelle, gutbürgerliche Familie mit einem hohen Standard an Anständigkeit und Ehrlichkeit. Sie bestand aus Großvater, einem gottähnlichen Patriarchen, um den sich in Wirklichkeit alles drehte. Weiters aus seiner jüngsten Tochter Anna, die ihn in allem unterstützte. Dann gab es Großmama und ihre Schwester Tante Minna. Sowie Paula – eine Kombination aus Haushälterin und Dienstmädchen – und eine Köchin. Da waren auch noch die fünf alten Tanten (Freuds Schwestern), alles nette Leute, warm und hilfreich. Großvater erschien äußerst menschlich, obgleich er als unfehlbar galt. Das nahmen alle als selbstverständlich hin. Er brauchte seine Wünsche nicht zu äußern, alles funktionierte.«

In Ernest Freuds Erzählung war sein Großvater »gewöhnlich mit Schreiben, Lesen oder Denken beschäftigt. Ich kann mich nicht erinnern, ihn je ungehalten oder wütend gesehen zu haben. Es war selbstverständlich, dass man bemüht war, einer Meinung zu sein. Nie hat ein Familienmitglied je laut gesprochen, einen anderen angeschrieen, geflucht oder mit der Faust auf den Tisch geschlagen. All dies war undenkbar, dazu war die Familie viel zu gutmütig, stolz und kontrolliert.«

Ernest Freud verbrachte die ersten Jahre seines Lebens bei seinen Eltern in Hamburg, ehe die Familie nach Sophie Freuds plötzlichem Tod im Jahre 1920 zerrissen wurde. »Ich war sechs Jahre, als meine Mutter mit nur 26 Jahren an der asiatischen Grippe starb, mein kleiner Bruder Heinz war damals erst 13 Monate. Unser Großvater holte ihn bei uns in Hamburg ab und fuhr mit ihm nach Wien, in die Berggasse, wo er nun lebte, während ich vorerst bei meinem Vater blieb.«

Drei Jahre später kam es zur nächsten Tragödie im Hause Freud, als der kleine Heinz an tuberkulöser Gehirnhautentzündung starb. Es war das erste und einzige Mal, dass man Sigmund Freud in Tränen sah, er behauptete, noch nie etwas Schwereres erlebt zu haben als den Tod des Enkelsohnes. Fast gleichzeitig musste Freud von seiner eigenen Erkrankung an Kieferkrebs erfahren.

Ernest Freud verließ Hamburg, als Hitler 1933 in Deutschland an die Macht kam. Er fuhr nach Wien, bezog ein Zimmer bei den Großeltern in der Berggasse und erlebte nun aus allernächster Nähe den Alltag im Hause Freud. »Die Mahlzeiten unterschieden sich vom übrigen Tagesablauf schon deshalb, weil Großvater dabei war. Essen hatte Struktur und Ritual. Selbstverständlich war der Tisch perfekt gedeckt, und die Gänge erschienen in ver-

169

lässlicher Reihenfolge. Es war wichtig, dass das Aufgetischte Qualität hatte, und man war kritisch, wenn es nicht den Erwartungen entsprach. Die Suppe war immer heiß, und man bemühte sich darum, dass Großvater sie erst bekam, wenn sie etwas abgekühlt war. Natürlich war es wichtig, dass das Fleisch nicht hart, das heißt für Großvater gut zu kauen war. Auch wenn er Schmerzen hatte oder unter Druck war, schien er ausgeglichen. Obwohl ich bemerkte, dass er unter seiner Krankheit litt, hatte ich doch nie das Gefühl, dass er Mitleid erregen wollte.« Alle waren spürbar um den Gesundheitszustand des Familienoberhaupts besorgt.

Seine Großmutter Martha, »die Frau Professor«, blieb Ernest als »gute Hausfrau« in Erinnerung. »Sie war klein und unauffällig, gleichzeitig aber sehr im Bilde, hielt in vielerlei Beziehung die Fäden in der Hand. Sie war das Uhrwerk, das den Haushalt in Gang hielt. Sie strahlte Güte und Wohlwollen aus, auch wenn es ihr nicht gut ging. Obwohl sie zart und fast zerbrechlich wirkte, muss die Arbeit, die sie im Dienste der Haushaltsroutine bewältigte, enorm gewesen sein. Sie war voll Weisheit, die sich in ihrer Ausdrucksweise spiegelte.« Für die wissenschaftliche Arbeit ihres Mannes zeigte sie wenig Interesse, sie soll sogar gesagt haben: »Die Psychoanalyse hört an der Tür des Kinderzimmers auf.«

Ernest Freud erlebte an der Seite seiner Großeltern auch den »Anschluss« und wusste daher von den Vorgängen im März 1938 in der Berggasse zu berichten: »Ich hatte ja die im Stechschritt durch die Straßen marschierenden Hitlertruppen schon 1933 in Berlin erlebt. Jetzt sah ich in Wien eine Neuauflage meiner damaligen Befürchtungen, dass man nämlich irgendwo geschnappt und verschleppt werden könnte, sodass niemand wüsste, was mit einem geschehen war.«

Ernest, der als 24-jähriger Student eine eigene kleine Wohnung in Wien hatte, kehrte in den Märztagen 1938 wieder zu seinen Großeltern in die Berggasse zurück, weil er sich dort sicherer zu fühlen glaubte. »Ich bekam ein Sofa im Wohnzimmer meiner Tante Minna und musste bald von meinem Fenster aus beobachten, wie SA-Männer den Laden des jüdischen Gemüsehändlers im gegenüberliegenden Haus ausräumten, den Inhalt auf ein Lastauto verluden und abtransportierten.«

Sigmund Freud verließ seine Wohnung ab dem 12. März nicht mehr. »Es war schwer einzuschätzen, wo man sicherer war«, erinnerte sich sein Enkel Ernest Freud. »Blieb man zu Hause, lief man Gefahr, von den Nazis abgeholt zu werden. War man auf der Straße, bestand die Gefahr, angepöbelt und aufgegriffen zu werden.«

Am 15. März stürmten drei Gestapo-Männer Freuds Wohnung und forderten seine Frau zur Herausgabe der gesamten Barschaft auf. Mit den Worten »Wollen sich die Herren nicht bedienen?«, legte sie das vorhandene Haushaltsgeld auf den Tisch und überreichte dann noch die im Safe lagernden Geldscheine in der Höhe von sechstausend Schilling.*

»Trotz der dramatischen Situation lief in der Familie alles sachlich, beherrscht und kontrolliert ab«, erzählte Ernest

---

* Entspricht laut Statistik Austria im Jahre 2008 rund 18 000 Euro.

Freud weiter. Es gab keinerlei Panik, den einzigen Gefühlsausbruch dieser Tage zeigte Freuds Ehefrau Martha, die darüber klagte, dass sie in den Geschäften der Umgebung plötzlich anders behandelt wurde als bisher: »Ich erinnere mich an eine Episode mit meiner Großmutter, zu der ich eine sehr innige Beziehung hatte, und die ich bei dieser Gelegenheit zum Einkaufen begleitete. Wir waren an der Ecke Berggasse/Porzellangasse, und die Großmama drückte die ganze Unfassbarkeit der Situation mit kopfschüttelnder Enttäuschung und jüdischer Resignation so aus: ›In all den 47 Jahren, seit ich in der Berggasse gelebt habe, habe ich keinem Geschäft je einen Groschen geschuldet‹.«

Sigmund Freud musste am Ende der Durchsuchung seiner Wohnung ein Dokument folgenden Wortlauts unterschreiben: »Ich, Professor Freud, bestätige hiermit, dass ich nach dem Anschluss Österreichs an das Deutsche Reich von den deutschen Behörden und im Besonderen von der Gestapo mit der meinem wissenschaftlichen Ruf gebührenden Achtung und Rücksicht behandelt wurde, dass ich meiner Tätigkeit ganz meinen Wünschen entsprechend frei nachgehen konnte und nicht den geringsten Grund zu einer Beschwerde habe.«

Das Papier, von einem Nazikommissar überreicht, war fertig aufgesetzt. Freud las es durch, unterschrieb und fragte, ob er noch den Satz anfügen dürfte: »Ich kann die Gestapo jedermann wärmstens empfehlen.«

Trotz all der Schmähungen gelang es den Freuds, die zur Ausreise nötigen Dokumente zusammenzutragen. Enkel Ernest war der Erste, der das Land verließ: »Als ich von meiner Großmutter Abschied nahm, weinte sie. Ich

war erschüttert, weil ich sie nie
zuvor hatte weinen sehen.« Über
Frankreich gelangte Ernest nach
Großbritannien, wo er auf den Rest
der Familie wartete. Am 5. Juni 1938
kamen seine Großeltern mit ihrer
jüngsten Tochter Anna und weiteren
Familienmitgliedern in London an.

Einige Jahre nach meinem ersten
Gespräch mit Ernest Freud traf ich
ihn ein zweites Mal – diesmal in der
Wiener Hofburg, wohin Bundesprä-
sident Thomas Klestil zu einem
Empfang aus Anlass des hundertsten

Für ihn war Freud der
»Großvater der Psycho-
analyse«: Ernest Freud,
Zeitzeuge und Enkel.

Geburtstags von Anna Freud* geladen hatte. Freuds Enkel
zeigte sich, nach allem, das er hier erlebt hatte, »glücklich,
dass Österreich den Namen Freud wieder hochhält und
man sich heute seiner Verdienste erinnert«.

Um dann noch ein schönes Wort über seinen Großvater
anzufügen: »Ich bewunderte ihn als Menschen wie als Wissenschafter, was ja kaum voneinander zu trennen ist. Denn
er hätte die Psyche des Menschen nicht erforschen können,
ohne ein großer Mensch zu sein.«

---

* Anna Freud, Psychoanalytikerin, 1895–1982

BRAHMS LAG IM PAPIERKORB
Professor Marcus macht eine Entdeckung

Ich bin mit Professor Marcus weder verwandt noch verschwägert – obwohl sich auch meine Ahnen bis vor zwei, drei Generationen noch »Marcus« und nicht »Markus« schrieben. So war's also purer Zufall, dass ich eines Abends bei einer Einladung neben dem Musikwissenschafter Gottfried Marcus saß. Nachdem wir die nicht vorhandene Verwandtschaft abgehakt hatten, wandten wir uns einem Thema zu,

Johannes Brahms

das in diesem Fall nahe liegend war: Nahe liegend, weil Professor Marcus der bedeutendste Brahms-Forscher seiner Zeit gewesen ist. Er forschte, musizierte und lebte für den »Vollender der Wiener Klassik«, wie man den Komponisten auch nennt.

»In seinem Leben gab es eine Frau, die mich immer schon interessierte«, plauderte der Musikprofessor an jenem Abend aus der Schule. »Sie hieß Cölestine Truxa, wird in allen Biografien als Wirtschafterin von Johannes Brahms erwähnt und hat zehn Jahre lang gemeinsam mit ihren beiden Söhnen in seiner Wohnung gelebt: in der Karlsgasse 4 auf der Wieden.«

175

Herrn Marcus wollte die geheimnisvolle Frau Truxa nicht aus dem Kopf gehen. Bis er am Beginn der 1970er Jahre die Idee hatte, mithilfe des Wiener Telefonbuchs herauszufinden, ob es vielleicht Nachfahren der ehemaligen Wirtschafterin gäbe. Er rief ein paar Leute besagten Namens an, entschuldigte sich für die Fehlverbindung, wählte die nächste Nummer – und stieß schließlich auf den Eintrag »Truxa Leo, Ing. Hofrat i. R., 6., Köstlergasse 5«.

Wieder sagte der Professor sein Sprücherl auf: »Verzeihen Sie die Störung, Herr Hofrat, ich wollte Sie fragen, ob Sie mit Frau Cölestine Truxa verwandt sind?«

»Ja«, antwortete die Stimme eines alten Herrn, »das war meine Mutter.«

»Dann haben Sie wohl Johannes Brahms persönlich gekannt?«

»Natürlich, wir lebten ja mit ihm in einer Wohnung.«

Marcus bohrte weiter: »Na, und haben Sie noch irgendwelche Erinnerungsstücke an Brahms?«

Sie hob alles auf, was Johannes Brahms wegwarf, und klebte die von ihm zerrissenen Blätter zusammen: Wirtschafterin Cölestine Truxa.

Jetzt lachte der fast neunzigjährige Herr Hofrat laut auf: »Die ganze Wohnung ist voll davon.« Und er erzählte die Geschichte vom Papierkorb: »Meine Mutter hob zehn Jahre lang alles auf, was Brahms wegwarf, und sie klebte sogar die von ihm zerrissenen Blätter wieder zusammen. Aber leider«, bedauerte er, »hat meine Nichte, die meine Wohnung erben wird, gesagt, dass sie einmal alles wegwerfen will, weil das Zeug ohnehin keinen Menschen mehr interessiert.«

Gottfried Marcus musste tief Luft holen, ehe er weiter sprach. Nach einer Schrecksekunde rief er ins Telefon: »Um Gottes willen! Lassen Sie bitte alles, wie es ist. Darf ich morgen vorbeikommen und mir das äh … das Zeug, wie Ihre Nichte sagt, anschauen?«

»Ja, ja, kommen S' nur.«

Anderntags schwang sich der Herr Professor auf seinen Motorroller und fuhr zum Hofrat Truxa in die Köstlergasse.

»Ich bin fast umgefallen«, erzählte mir Gottfried Marcus an jenem Abend, »es war einfach sensationell.« Neben bislang unbekannten Brahms-Kompositionen lagen Briefe des Meisters, die er nie abgeschickt hatte. Weiters Privatfotos und unzählige persönliche Gegenstände. Marcus erkannte, dass er in diesem Augenblick auf den wesentlichsten Fund seiner jahrzehntelangen Forschertätigkeit gestoßen war.

Frau Truxa, die 1897 die Augenlider des zeitlebens unverheiratet gebliebenen Komponisten schloss, hatte nicht nur die Papierkorb-Funde aufbewahrt, sie war von Brahms, der sie sehr schätzte, auch zur Erbin seiner persönlichen Habseligkeiten eingesetzt worden. »Außerdem gehören Cölestine Truxa 10000 Gulden«, steht in seinem

Gottfried Marcus rettete die Brahms-Schätze aus dessen Papierkorb.

Testament, »was ich an Möbeln, Kleidern, Wäsche besitze und auch die Bilder, die an den Wänden hängen, Teppiche, Decken, Kissen, Uhren ...« Das alles hatte Marcus jetzt vor sich. Cölestines größtes Verdienst aber war: Sie hatte schon zu Lebzeiten das Genie des Komponisten erkannt und buchstäblich alles, was Brahms in den Papierkorb geworfen hatte, wieder herausgefischt und aufgehoben. »Jedes einzelne Stück ist für die Brahmsforschung hochinteressant.«

Drei Jahre verbrachte Gottfried Marcus jede freie Minute, die ihm neben seiner Professur am Konservatorium der Stadt Wien blieb, in der Wohnung Leo Truxas. Er untersuchte, reinigte, ordnete den für die Musikwelt einzigartigen Schatz. Und er vervollständigte sein auf knapp 30000 Karteiblättern minuziös aufgelistetes Vokalarchiv der Brahms'schen Symphonien, Klavierkonzerte, Quartette, Quintette, Sextette um die bislang unbekannten Werke. Experten verkündeten damals: »Was der Köchel für Mozart, das ist der Marcus für Brahms.«

Die kolossale Arbeit, sagte mir der Professor, hätte er sich nicht nur aus kulturhistorischen Gründen aufgebürdet, sondern vor allem aus Liebe. Der Wissenschafter hatte dem Komponisten sein Leben gewidmet.

»Der Tag, an dem ich zum ersten Mal die Wohnung des Hofrat Truxa betrat und sah, welche Schätze dort verborgen sind«, sagte Professor Marcus voller Emotion, »war der schönste Tag meines Lebens.« Sowohl der Hofrat Truxa als auch der Professor Marcus sind mittlerweile nicht mehr am Leben. Aber die dem Papierkorb entnommenen Brahms-Noten sind für alle Zeiten gerettet. Die beiden Herren haben sie geschlossen dem Musikarchiv der Stadt Wien übergeben.

DER MANN AUS SCHINDLERS LISTE
Ein Zeitzeuge erinnert sich

Oskar Schindler

Inmitten zahlloser Zeitungsberichte, die nach dem Welterfolg des Steven-Spielberg-Films erschienen, entnahm ich einer kleinen Notiz, dass es den Mann, den Ben Kingsley in *Schindlers Liste* spielt, tatsächlich gibt. Hochbetagt soll er sein, und in Augsburg soll er leben. Ich machte mich auf die Suche und fand ihn.

Ja, sagte er, sein Name stand auf der Liste, die der Fabrikant Oskar Schindler 1944 anfertigen ließ. Mietek Pemper war somit einer der 1200 Juden, die Schindler vor der Ermordung durch die Nationalsozialisten gerettet hat.

Er sitzt mir in einem kleinen italienischen Restaurant in Augsburg gegenüber. Ein Mann, dem das Schicksal nichts ersparte und der mich doch aus gütigen Augen ansieht, während er aus seinem Leben erzählt.

»Vor einigen Jahren klingelte mein Telefon«, beginnt er seine Geschichte. »Steven Spielberg war am Apparat und lud mich ein, zu den Dreharbeiten von *Schindlers Liste* zu kommen und ihn an Ort und Stelle zu beraten. Ich fuhr nach Krakau und schilderte ihm, wie es war, was ich damals erlebt und überlebt habe.« Damals, als man Juden in Konzentrationslager sperrte und ermordete.

181

Mietek Pemper war zum Zeitpunkt unseres Gesprächs 87 Jahre alt. Es sind zwei Männer, die im Mittelpunkt seiner Erinnerungen stehen. Zwei Männer, wie sie unterschiedlicher nicht hätten sein können.

Amon Göth ist der eine. Der gebürtige Wiener war der gefürchtete Schlächter des KZ Krakau-Plaszow. Ein sadistischer SS-Offizier, der Gefangene auspeitschte, seine Doggen auf sie hetzte, mit eigenen Händen tötete. Mietek Pemper saß Amon Göth eineinhalb Jahre in seiner Schreibstube gegenüber und musste »ständig damit rechnen, von ihm erschossen zu werden. Er war unberechenbar und launenhaft, konnte sich innerhalb eines Augenblicks in eine rasende Bestie verwandeln, so dass ich jeden Tag um mein Leben bangte. Die nervliche Zerrüttung, die das in mir anrichtete, lässt sich kaum beschreiben.«

Oskar Schindler ist der Name des anderen. Einer, der alles tat, um das Leben der für ihn tätigen Zwangsarbeiter zu retten. »Er war groß, kräftig und trinkfest, hatte sich scheinbar mit Göth angefreundet, duzte sich mit ihm, versorgte ihn mit teurem Cognac. In Wirklichkeit nützte er den Kontakt, um seine jüdischen Arbeiter zu schützen. Allein die Anwesenheit Schindlers, der stets in maßgeschneiderten Anzügen auftrat, flößte uns Mut ein.«

Mietek Pemper hat ihn aus nächster Nähe erlebt. Er war am 24. März 1920 als Sohn deutsch-polnischer Juden in Krakau zur Welt gekommen und nach dem Einmarsch der Nazis mit seiner Familie ins Ghetto getrieben worden. »Als wir 1942 hörten, dass ein Wiener die Leitung des ›jüdischen Wohnbezirks‹ von Krakau übernehmen würde, freuten wir uns, denn die Polen hatten gute Erinnerungen an die Zeiten der österreichisch-ungarischen Monarchie. Wer hätte gedacht, dass sich dieser Österreicher als der Schlimmste von allen erweisen sollte.«

Nach der Liquidierung des Krakauer Ghettos im März 1943 zum Lagerkommandanten des KZ Krakau-Plaszow ernannt, erklärte Amon Göth den Gefangenen Mietek Pemper zu seinem persönlichen Schreiber. »Keiner meiner Mithäftlinge beneidete mich um diese Tätigkeit, weil jeder Angst vor ihm hatte. Niemand wollte für ihn arbeiten, er war bekannt dafür, auf seine Mitarbeiter zu schießen, wenn ihm irgendwas nicht passte. Der Grund, warum er mich holte, war, dass ich sowohl Deutsch und Polnisch als auch stenographieren konnte.«

Die Figur dieses Schreibers heißt in *Schindlers Liste* Itzhak Stern und wird von Ben Kingsley dargestellt. »Als Spielberg mir später die ersten Szenen des Films zeigte,

»Aus dramaturgischen Gründen zu einer Figur zusammengefasst«: Mietek Pemper (links) und Ben Kingsley in »Schindlers Liste«.

wunderte ich mich und sagte, dass hier etwas nicht ganz korrekt wäre. Da erklärte er mir, dass er in Ben Kingsleys Rolle aus dramaturgischen Gründen die Figuren des Buchhalters Itzhak Stern und des Stenografen Mietek Pemper zu einer Person zusammengefasst hätte.«

»Eines Tages«, erzählt Mietek Pemper, »fragte mich Spielberg, was meiner Meinung nach der Grund dafür gewesen sei, dass Schindler geholfen hat. Da sagte ich zu ihm: ›Welchen Schindler meinen Sie?‹ Denn ich kannte zwei Schindlers. Den einen, der als NSDAP-Mitglied, Industrieller und trinkfester Lebemann nichts als seine Geschäfte und Frauenaffären im Sinn hatte. Und den anderen, der bei der Auflösung des Ghettos sah, wie Menschen behandelt wurden. Und der alles tat, um das Leben der jüdischen Zwangsarbeiter in seiner Fabrik zu retten. Das war ein und dieselbe Person, aber sie handelte, als wären es zwei gewesen.«

Schindlers berühmte Liste ist zwanzig Seiten lang, auf jedem Blatt stehen die Namen von mehr als fünfzig Menschen, deren Leben gerettet wurden, weil Schindler sie für seine Fabrik angefordert hatte. »Mich finden Sie unter der Nr. 655«, erklärt Mietek Pemper und reicht mir die Kopie der Seite, die er damals gemeinsam mit anderen Lagerinsassen selbst getippt hat.

Wenn Herr Pemper über diese Zeit spricht, rückt er seine eigene Rolle ein wenig in den Hintergrund. »Ich bin in all den finstern Jahren keinem zweiten Menschen begegnet, der wie Schindler so mutig eine solche Rettungsaktion organisierte. Dabei war er keineswegs ein Heiliger, sondern auf eine sehr menschliche Art auch leichtsinnig. Aber wir

641.	"	9	Ferber Israel	13. 7.99	ang.Metallarbeiter
642.	"	69500	Grossmann Moszek	15. 5.24	ang.Tischler
643.Ju.Slov.		1	Goldmann Alexander	6. 6.15	Buchhalter
644.Ju.Tsch.		2	Ring Leopold	8. 2.94	ang.Tischler
645.Ju.Po.		3	Lewi Salomon	26. 6.16	Tischler
646.	"	4	Spatz Natan	13. 1.15	Autoklempner
647.	"	5	Fleischmann Chaim	15.11.06	ang.Tischler
648.	"	6	Jereth Simon	11. 1.88	Baufacharbeiter
649.	"	8	Garde Mieczyslaw	14. 1.21	Schlossergeselle
650.	"	9	Kessler Jerzy	24. 4.21	Schreibkraft
651.	"	69510	Goldberg Marcel	11. 4.15	Bilanzbuch alter
652.	"	1	Rosen Szymon	17. 7.00	Schreibkraft
653.	"	2	Zule Isidor	14. 1.12	Korrespondent
654.	"	3	Glücksmann Naftali	10. 2.98	ang.Klempner
655.	**"**	**4**	**Pemper Mieczyslaw**	**24. 3.20**	**Buchhalter,Stenotypist**
656.	"	5	Garde Adam	#24. 9.13	Hauarchitekt
657.	"	6	Guthers Adolar	22.11.15	Schreibkraft
658.Ju.Dt.		7	Davidowitsch Erwin	19. 7.97	Schreibkraft
659.Ju.Po.		8	Stern Isak	25. 1.01	Bilanzbuchhalter
660.	"	69519	Kessler Maximilian	6. 1.95	Buchhalter

Die Nr. 655 auf Schindlers Liste: Mietek (Mieczyslaw) Pemper.

jüdischen Häftlinge konnten uns auf ihn verlassen, er ließ uns niemals im Stich, und ich bin glücklich, dass ich einen Beitrag zu seiner Arbeit leisten konnte.«

Dieser Beitrag war nicht unbeträchtlich, wäre doch ohne Mietek Pempers Handeln die Rettungsaktion des Oskar Schindler möglicherweise nicht geglückt. Welchen Anteil er hatte, frage ich ihn.

Herr Pemper nimmt seine Brille ab und lässt seinen Blick in die Ferne schweifen. Als würde er jetzt dorthin sehen, wo er damals war und die Hölle erlebte. »Die Befehle, die Amon Göth aus Berlin erhielt, gingen ja auch über meinen Schreibtisch. Und ich entnahm diesen Befehlen, dass Juden nur dann nicht in ein Vernichtungslager kommen würden, wenn sie in einer für den Krieg ›siegentscheidenden Produktion‹ eingesetzt waren. Schindlers Emailwarenfabrik gehörte jedoch nicht in diese Kategorie. Als ich ihn darauf aufmerksam machte, stellte er die Produktion teilweise auf Granathülsen um. Denn diese galten als ›siegentscheidend‹.«

Mit dieser Information an Schindler hatte Mietek Pemper dazu beigetragen, das Leben von mehr als tausend Arbeitern zu retten. »Ich selbst war einer von ihnen.«

Als Schindler sich am 8. Mai 1945 mit einer Ansprache in seiner Fabrik von »seinen Juden« verabschiedete, sagte er: »Für euer Überleben dankt nicht mir, dankt euren Leuten, die Tag und Nacht arbeiteten, um euch vor der Vernichtung zu retten. Dankt eurem unerschrockenen Stern und eurem Pemper, die jeden Moment dem Tod ins Auge gesehen haben.«

Amon Göth war zu diesem Zeitpunkt kein freier Mann mehr. Er war im September 1944 von der Gestapo wegen Unterschlagung von »Reichseigentum« verhaftet worden, weil er den konfiszierten Besitz jüdischer Häftlinge für sich persönlich behalten hatte.

Von den Amerikanern nach Polen ausgeliefert, wurde Amon Göth von einem Gericht in Krakau zum Tod verurteilt und am 13. September 1946 hingerichtet. Für Mietek Pemper, der ihm als Hauptzeuge der Anklage gegenüberstand, begann damit die seelische Aufarbeitung jener Jahre, die er überlebt hatte. »1958 fuhr ich dann nach Wien, weil mich die Wurzeln des Amon Göth interessierten«, erzählt er. »In einem Haus auf der Mariahilfer Straße fand ich die ehemaligen Räume des Verlages seines Vaters. Und dieser Vater war, nach allem, was ich herausfinden konnte, ein anständiger Mensch gewesen. Niemand konnte erklären, wie Göth zu dem wurde, was er war. Es ist eines von so vielen Rätseln dieser Zeit, die wir wohl nie ergründen werden.«

Mietek Pemper blieb mit Oskar Schindler bis zu dessen Tod im Jahre 1974 in freundschaftlicher Verbindung. Der einstige Häftling und Zwangsarbeiter versuchte dem einstigen Fabrikbesitzer nach dem Krieg beim Wiederaufbau einer Firma zu helfen – was nicht gelingen sollte. »Schindler war ein besonderer Mann, aber nur für besondere Zeiten. Im normalen Alltag scheiterte er, und nach Kriegsende kam er nie mehr richtig auf die Beine.« Heute befinden sich in aller Welt rund sechstausend »Schindlerjuden« – das sind die ehemaligen KZ-Insassen mit Kindern, Enkeln und Urenkeln –, die dem Fabrikanten Oskar Schindler das Leben verdanken.

Mietek Pemper, der durch die Mordmaschinerie der Nationalsozialisten rund siebzig Angehörige verlor, war nie verheiratet – und auch das ist eine Folge des Holocaust. »Meine Mutter erlitt in der Lagerhaft einen Schlaganfall und war von da an halbseitig gelähmt. Nach der Freilassung kümmerte ich mich bis zu ihrem Tod im Jahre 1953 um ihre Pflege und danach war es wohl schon zu spät, um eine Familie zu gründen.«

Ob man sich ein Bild vom tatsächlichen Alltag im Lager machen könne, wenn man *Schindlers Liste* sieht?

»Das ist ein großartiger Film«, meint Mietek Pemper, »und es ist wichtig, dass ihn Millionen Menschen in aller Welt gesehen haben. Aber er lässt nur erahnen, was wirklich war. Als Spielberg mir die Szene zeigte, in der Amon Göth auf einen Lagerinsassen schoss, sagte ich, das sei noch die humanste Art gewesen, wie er mordete. Und ich fragte ihn, warum er nicht zeigt, wie Göth seine Hunde auf Menschen hetzte, die sie dann zerfleischten. Da erwiderte Spielberg, dass so eine Szene niemand im Publikum ertragen würde.«

Mietek Pemper ist einer der Letzten, die noch erzählen können, wie es wirklich war. Trotz der psychischen und physischen Qualen, die er im Lager erleiden musste – auch er wurde von Göth geschlagen und von seinen Hunden angefallen – ist er in bewundernswerter Verfassung. Wie durch ein Wunder hat er sich einen besonderen Sinn für feine Ironie bewahrt. Und er steht mit seinen 88 Jahren als Leiter einer Augsburger Firma für Unternehmensberatung immer noch mitten im Berufsleben. »Tagsüber«, sagt er nachdenklich, »gelingt es mir durch viel Arbeit, nicht ständig an das zu denken, was damals passierte. Nachts ist es schwieriger. Wenn ich aufwache, sehe ich all die Bilder vor mir und habe große Probleme, wieder einzuschlafen.«

Ein außergewöhnliches Schicksal. Ein außergewöhnlicher Mann.

»ALLE TAGEBÜCHER VERNICHTEN!«
Die unbekannten Seiten des Willi Forst

Meine Begegnung mit Willi Forst war eigentlich gar keine. Ich habe ein paar Mal mit ihm telefoniert und ihn in diesen Gesprächen als wahren Sir in Erinnerung behalten. Es war im letzten Jahr seines Lebens, als ich den einstigen Filmstar anrief, weil ich ihn um Informationen für eine Hans-Moser-Biografie bat, an der ich damals gerade arbeitete. Willi Forst, der Moser für den Film entdeckt hatte, war sofort Feuer und Flamme. Es wäre höchst an der Zeit, meinte er, ein Buch über Moser zu schreiben, und er versprach mir, mich in jeder Weise unterstützen zu wollen. Als ich ihn dann fragte, wann wir uns treffen konnten, erwiderte er: »Treffen? Nein, treffen können wir uns nicht. Ich geh schon lang nicht mehr unter die Leut. Aber ich erzähl Ihnen alles, was Sie wissen wollen.«

Prägte als Schauspieler, Regisseur und Produzent den Wiener Film: Willi Forst in seinem Film »Wiener Mädeln«.

189

Ich formulierte also meine Fragen, und ein paar Tage später langte ein Tonband bei mir ein, auf dem Willi Forst sich ausführlich und in vielen Details an seine Zusammenarbeit mit Moser erinnerte. Er war es, der als Erster an den späteren Volksschauspieler geglaubt und ihn 1933 für seinen Film *Leise flehen meine Lieder* engagiert hat.

Willi Forst starb wenige Monate, nachdem er mir das 45 Minuten lange Band geschickt hatte. Als ich Jahre später mit seinen beiden Nichten bei Kaffee und Kuchen in Forsts ehemaligem Haus am Rande des noblen Wiener Dehneparks saß, wollte ich natürlich gleich wissen, warum der »Onkel Willi«, wie sie ihn immer noch nennen, in seinen letzten Jahren vollkommen zurückgezogen gelebt hatte. So sehr, dass er nur per Telefon und Tonband kommunizieren wollte.

»Ja, er hat sich kaum noch gezeigt«, erklärten mir Melanie und Barbara Langbein. »Denn er wollte, dass ihn sein Publikum so in Erinnerung behält, wie er früher war. ›Die Menschen sollen mich nicht als Greis sehen‹, hat er gesagt. Als ihm die Haare ausgingen, drehte er noch einen Film mit Toupet, was er später als großen Fehler bezeichnete. Sicher war es für ihn als schönen Mann besonders schwer, mit dem Altern fertig zu werden.«

»Ich geh nicht mehr unter die Leut«: Willi Forst in seinen späten Jahren.

Tatsächlich stand der Schauspieler 1955 mit 52

Jahren zum letzten Mal vor der Kamera. Dass er bald danach auch seine Tätigkeit als Regisseur einstellte, hatte einen anderen Grund: »Als er 1957 *Die unentschuldigte Stunde* mit Erika Remberg und Adrian Hoven drehte, ging irgendeine Szene daneben«, erzählte Melanie Langbein. »Onkel Willi wollte den Drehtag wiederholen, das wurde aber von der Produktionsfirma abgelehnt. Und da beschloss er, ganz aufzuhören. Er war es gewöhnt, selbst Produzent und damit sein eigener Herr zu sein. Anders konnte und wollte er nicht arbeiten.«

Sein »eigener Herr« war er nicht mehr, weil er in den 1950er Jahren nach einigen Misserfolgen die *Forst-Film Produktions Ges.m.b.H.* zusperren musste. »Er hatte den Fehler begangen, für Kredite persönlich zu haften, statt sie auf die Firma schreiben zu lassen. So verlor er als Folge der Filmkrise nach dem Krieg Millionen. Wie er ja in Finanzfragen überhaupt sehr ungeschickt war – er war ein Träumer und hatte keine Ahnung von Geld.«

Dafür ist der Sohn eines Porzellanmalers aus Wien aber ziemlich wohlhabend geworden, kaum ein Künstler im deutschen Sprachraum hat so viel verdient wie Willi Forst in seiner Glanzzeit – zuerst als Schauspieler und dann als Produzent. War er es doch, der von *Maskerade* über *Bel Ami* und *Operette* bis zum *Hofrat Geiger* die erfolgreichsten Unterhaltungsfilme der Zwischen-, Kriegs- und Nachkriegszeit gedreht hat.

»Um die Finanzen kümmerte sich seine Frau«, verrieten mir Willi Forsts Nichten. »Die Tante Melanie« – Nichte Melanie ist nach ihr benannt – »war in erster Ehe mit dem Schauspieler Hans Unterkircher verheiratet, hatte

»Um die Finanzen kümmerte sich seine Frau«: Das Ehepaar Melanie und Willi Forst.

aber immer schon für den Onkel Willi geschwärmt. 1934 lernten sie einander in der Bar des Grand Hotels kennen, zwei Tage später hielt er um ihre Hand an, sie heirateten noch im selben Jahr. Während der Onkel Willi bis dahin sein Geld mit beiden Armen ausgab, hat sie von da an alles gut angelegt.«

Sehr gut sogar. Noch im Jahr der Hochzeit kaufte das Ehepaar den 110 000 Quadratmeter großen, am Rande des Wienerwalds gelegenen herrschaftlichen Dehnepark, einst Sommerresidenz der Fürsten Paar-Liechtenstein. »Menschenscheu war der Onkel Willi immer schon. Ihm war's wichtig, stundenlang mit seinen Hunden – er hatte bis zu fünfzehn Stück gleichzeitig – spazieren gehen zu können, ohne jemanden treffen zu müssen. Deswegen liebte er diesen großen Besitz so sehr.«

Obwohl Willi Forst der große Mädchen- und Frauenschwarm mehrerer Generationen war, munkelte man, dass er »eigentlich« homosexuell sei. »Das Gerücht war ihm bekannt, und er hat uns einmal erzählt, wie es entstanden ist«, schilderten Barbara und Melanie Langbein. »Er hatte in jungen Jahren ein Verhältnis mit der Frau seines Theaterdirektors. Als der davon erfuhr, log ihm der

Onkel Willi vor, dass dies unmöglich wäre, da er schwul sei. Das sagte er, um die Frau des Direktors zu schützen, aber in Wien hat sich das herumgesprochen, und der Ruf ist ihm geblieben – es hat ihn auch weiter nicht gestört.«

Dokumentiert sind hingegen die Beziehungen Willi Forsts zu zwei prominenten Frauen: 1927 hatte er eine leidenschaftliche Affäre mit Marlene Dietrich, mit der er damals gerade den Stummfilm *Café Elektric* drehte. »Wir flogen vom ersten Augenblick aufeinander«, hinterließ er in seinen handgeschriebenen Aufzeichnungen, die Melanie Langbein nach seinem Tod in der Schreibtischlade ihres Onkels fand. »Noch in derselben Nacht lagen wir uns in den Armen … Sie war die Erfüllung! Ich betete sie an, keine Frau vorher und nachher war imstande, solche Liebe zu geben.«

Die zweite spektakuläre Liebschaft betrifft Hildegard Knef, die unter Willi Forsts Regie in dem 1951 entstandenen »Skandalfilm« *Die Sünderin* mitwirkte. Über diese Liaison hat er nie ein Wort verloren – »aber der Gustav Fröhlich* hat uns davon erzählt«.

»Die Tante Melanie hat nicht darunter gelitten, dass die Frauen auf ihn flogen«, meinte Barbara Langbein. »Ich glaube auch nicht, dass er allzu viele Affären hatte. Dazu war er einfach zu bequem, da hätte er ja Ausreden erfinden müssen.«

---

* Gustav Fröhlich (1902–1987) spielte in dem Film *Die Sünderin* die männliche Hauptrolle.

Melanie Langbein überlegte kurz, »ob es der Onkel Willi gewollt hätte, dass wir heute über ihn reden. Er hat ja alles weggeworfen, was sein Privatleben betrifft, auch die Korrespondenz mit der Dietrich – bis auf einen einzigen Brief, den er von ihr aufbewahrte. Er wollte nie etwas von sich preisgeben, die Nachwelt sollte nichts Privates erfahren. Und deshalb verfügte er testamentarisch, dass auch seine Tagebücher nach seinem Tod zu vernichten sind.«

»Und haben Sie das getan?«

»Nein«, sagten die Nichten ein wenig verlegen. »Das haben wir nicht übers Herz gebracht.«

Während er die Briefe der Dietrich selbst noch verbrannt hatte, hob Marlene die seinen auf*. »Ich gäbe ein Jahr meines Lebens«, schreibt er ihr 1935 in die USA, »wenn ich Dich jetzt nur einen halben Tag bei mir haben könnte. Immer wieder sehe ich mir Deine Bilder an, immer wieder lese ich Deine süßesten Briefe, immer wieder spiele ich Deine Platten, und nichts hilft. Es ist zum Verzweifeln.«

Willi Forst zählt zu jenen Stars, deren Tätigkeit im Dritten Reich später kaum thematisiert wurde. Das lag wohl daran, dass er sich in seinen Filmen einen Freiraum geschaffen und mit der Darstellung wienerischer Charaktere aus der »Backhendlzeit« in gewisser Weise einen Protest gegen den Nationalsozialismus inszeniert hatte. Selbst in einem Unterhaltungsfilm wie *Wiener Blut* karikiert Forst 1942 die Präpotenz der preußischen »Herrenmenschen«. Er sagte nach dem Krieg: »Es klingt grotesk, entspricht aber der Wahr-

---

* Willi Forsts Briefe an Marlene Dietrich befinden sich in der Marlene Dietrich Collection im Filmmuseum Berlin.

heit: Meine österrei-
chischsten Filme
machte ich in der Zeit,
als Österreich zu
existieren aufgehört
hatte.«
   1967 verkaufte
Willi Forst den Deh-
nepark an die
Gemeinde Wien, die
auf dem Grundstück
einen öffentlich zu-
gänglichen Park er-
richtete. Einen klei-
nen Teil des Besitzes
kauften die Nichten –

*»Ich gäbe ein Jahr meines Lebens, wenn
ich Dich einen halben Tag bei mir haben
könnte«: Marlene Dietrich, Willi Forst.*

die den Nachlass des Filmstars verwalten – nach seinem
Tod zurück. Und so bewohnen sie heute ein auf seinem frü-
heren Grund stehendes Haus.
   Selbst kinderlos geblieben, sah das Ehepaar Forst seine
Nichten und deren Bruder Willi als Ersatzkinder. Barbara
Langbein ist eine bekannte Kostümbildnerin, Melanie
arbeitete für Willi Forst und war eine zeitlang Sekretärin
Helmut Qualtingers.
   »Der Onkel Willi führte ein bürgerliches Leben, jegliche
Allüren waren ihm fremd. Seine eigenen Filme hat er sich
nie angeschaut, wenn sie im Fernsehen liefen, dafür interessierte er sich längst nicht mehr. Seine Frau war un-
endlich stolz auf ihn und sagte vor ihrem Tod im Jahre
1973: ›Ich hatte den Mann, den ich haben wollte, jetzt kann

»Jegliche Allüren waren ihm fremd«: Die Willi-Forst-Nichten Melanie und Barbara Langbein.

ich ruhig sterben‹.«

Die sieben Jahre, die ihm danach noch blieben, verbrachte Willi Forst im Haushalt seiner beiden Nichten, die ihn als gutmütigen, liebenswerten und charmanten Mann beschreiben. »Als wir nach seinem Ableben ins Hanuschkrankenhaus kamen, sagte eine junge, gut aussehende Schwester zu uns: ›Ihr Onkel war zuletzt sehr schlecht beisammen, aber am Tag vor seinem Tod hat er mir immer noch reizende Komplimente gemacht.‹«

Willi Forst starb am 11. August 1980 im Alter von 77 Jahren.

NACH SARAJEWO
Die Familie des Thronfolgers

Man weiß, in welche Katastrophe die Welt durch das Attentat von Sarajewo taumelte. Doch die persönlichen Schicksale der Nachfahren des ermordeten Erzherzogs Franz Ferdinand und seiner Frau Sophie sind kaum bekannt. Georg Hohenberg, der Enkel des Thronfolgerpaares, empfing mich in dem immer noch in Familienbesitz befindlichen Palais Modena in der Wiener Salesianergasse und berichtete, wie es nach Sarajewo weiterging.

»Mein Vater Max hatte seine Eltern noch in sehr guter Erinnerung«, begann der 1929 geborene Georg Hohenberg. »Er war ebenso wie seine Geschwister Sophie und Ernst am 28. Juni 1914 in Sarajewo zum Vollwaisen geworden. Die Kinder waren zum Zeitpunkt des Attentats dreizehn, zwölf und zehn Jahre alt.«

Und so schilderte Max von Hohenberg seinem Sohn Georg – dem heutigen Oberhaupt der Familie – die Persönlichkeit seines Großvaters, des Thronfolgers Franz Ferdinand: »Er war heiter – ganz im Gegensatz zu den Bildern, die man von ihm kennt und auf denen er sehr ernst wirkt. Ein Choleriker zwar, der aber durchaus auch liebenswürdige Seiten hatte. Man sah ihm die Enttäuschung an, mitansehen zu müssen, wie die Monarchie nach und nach zugrunde ging. So hat ihn mein Vater beschrieben.«

Die Kinder des Thronfolgers befanden sich zum Zeitpunkt des Attentats auf dem böhmischen Familiengut Schloss Chlumetz. Dort berichtete ihnen ihr Erzieher Franz Janacek wenige Stunden danach, was passiert war – zuerst wollte er sie schonen, sprach davon, dass ihr Vater und ihre Mutter verletzt wären. Erst nach einiger Zeit bereitete er sie darauf vor, dass sie ihre Eltern nie mehr sehen würden. Die Kinder wurden daraufhin von einer Verwandten abgeholt und per Bahn zur Trauerfeier nach Artstetten gebracht.

Im Anschluss an die Beisetzung auf dem niederösterreichischen Familiengut empfing Kaiser Franz Joseph die Kinder Max, Sophie und Ernst Hohenberg in Schönbrunn und sprach ihnen eine jährliche Rente von 400 000 Kronen* zu. Die drei Waisen waren aber auch durch die Erbschaft mehrerer Schlösser und Güter finanziell abgesichert.

Sie wuchsen unter der Aufsicht des vom Kaiser ernannten Vormunds Jaroslaw Thun-Hohenstein – einem Onkel der Kinder – im böhmischen Schloss Konopischt auf. Doch mit dem Ende der Monarchie brach ihre Welt ein zweites Mal zusammen, denn nun gab es niemanden mehr, der sie vor den Folgen des Untergangs hätte bewahren können.

Und die waren gewaltig: 1919 wurden die böhmischen Güter und Industrieunternehmen der Hohenbergs enteignet, 1938 sperrte man die mittlerweile nach Österreich übersiedelten Söhne des Thronfolgers ins Konzentrations-

---

* Entspricht laut Statistik Austria im Jahre 2008 einer Summe von rund einer Million Euro.

Familienfoto, wenige Tage vor dem Attentat: Thronfolger Franz Ferdinand, Gattin Sophie mit ihren Kindern Ernst, Sophie, Max (von links).

lager Dachau. Beide waren Antinazis, Ernst darüber hinaus »unangenehm aufgefallen«, als er mit dem silbernen Griff seines Spazierstocks die Auslagenscheibe des *Deutschen Reisebüros* gegenüber der Staatsoper eingeschlagen hatte, weil dahinter ein Hitlerbild mit Hakenkreuzfahne hing. Während Max nach sechs Monaten wieder freikam, musste Ernst fünf Jahre in Lagerhaft bleiben.

Das war – nach Sarajewo und dem Untergang der Monarchie – das dritte Mal, dass die Welt der Familie Hohenberg zusammenbrach. »Das Erste, was ich in Dachau sah, waren die beiden Hohenberger«, erinnerte sich ihr Mithäftling, der spätere Bundeskanzler Leopold Figl. »Entblößt von allen Titeln und Ämtern, stündlich den Tod vor ihren Augen, ertrugen sie die qualvollen Demütigungen mit der unerschütterlichen Würde eines alten Geschlechts. Sie teilten mit uns den letzten Bissen, den letzten Tschik und waren die liebenswertesten Kameraden.«

Georg Hohenberg saß, als er mir die dramatischen Ereignisse schilderte, ganz ruhig im Salon des Palais Modena. »Für mich und meine Familie war Sarajewo immer gegenwärtig, wir haben ja in der unmittelbaren Folge des Malheurs gelebt. Ich habe meine Eltern nie über das Attentat befragt, weil ich Angst hatte, taktlos zu sein. Für meine Kinder ist es schon weniger ein Thema, und für meine Enkel, so hoffe ich, wird es nur noch Geschichte sein.«

Was besonders überraschen wird, ist die Tatsache, dass Georg Hohenberg – der viele Jahre als Diplomat der Republik Österreich tätig und zuletzt Botschafter im Vatikan war – nie in seinem Leben die Stadt Sarajewo besucht hat. »Kein Hohenberg war je dort. Meine Eltern sind bewusst

nicht hingefahren, bei mir
ist's eher Zufall.«

Obwohl Sarajewo ihre
Familie zerstört hatte, setzten
die Kinder des Thronfolgerpaares 1917 einen Akt fast
übermenschlicher Größe. Als
Gavrilo Princip, der Mörder
ihrer Eltern, an einer tödli-
chen Tuberkulose erkrankte,
schrieben sie ihm einen Brief
ins Gefängnis, in dem sie ihm
seine Tat verziehen.

*»Sarajewo war in meiner Familie
immer gegenwärtig«: Franz Ferdi-
nands Enkel Georg Hohenberg.*

Der Historiker Lucian Mey-
sels fand im Zuge seiner Recherchen für eine Biografie des
Hauses Hohenberg heraus, dass Erzherzog Franz Ferdinand sich – ehe er mit seiner »nicht ebenbürtigen« Frau
Sophie eine vorbildliche Ehe führte – in jungen Jahren
durchaus »ausgetobt« hatte. Einerseits mit der Schauspielerin Mila Kugler, die als seine Favoritin galt, aber auch mit
zwei weiteren Frauen, die ihm uneheliche Kinder schenk-
ten: Sohn Heinrich Jonke erhielt als »Apanage« die Salz-
burger Hofapotheke, nach deren Konkurs er aus dem
Nachlass des Thronfolgers noch einmal 50 000 Kronen
bekam. Kurt Hahn, ein zweiter Sohn, wurde mit einer Leib-
rente abgefunden.

Natürlich hat sich der Enkel des Thronfolgers oft Gedanken darüber gemacht, was gewesen wäre, wenn sein Großvater Sarajewo überlebt hätte. »So viel steht für mich fest«,
glaubt Georg Hohenberg, »er hätte diesen Krieg, dessen

Ausgang nicht abzusehen war, bestimmt nie angefangen. Kaiser Franz Joseph war damals schon sehr alt, er hatte einen Begriff von Ehre, den 1914 in der ganzen Welt niemand mehr hatte.«

Die Söhne des Erzherzogs Franz Ferdinand – die ja durch die Verzichtserklärung ihres Vaters von der Thronfolge ausgeschlossen waren – starben früh: Ernst mit 49, Max mit 60 Jahren. Ihre Schwester Sophie überlebte sie um Jahrzehnte, sie starb 1991 im Alter von neunzig Jahren. Heute gibt es acht Enkel und 21 Urenkel des Thronfolgerpaares.

Das Schicksal dieser Familie wurde zum Schicksal Österreichs.

WAR DAS DER ECHTE ONASSIS?
Ein Doppelgänger in Graz

Über Karl Farkas und die Begegnungen, die ich mit ihm hatte, könnte ich ein ganzes Buch schreiben – was ich im Übrigen ohnehin getan habe. Ich lernte ihn kennen, als ich 19 war, und bewarb mich bei ihm aus Begeisterung fürs Kabarett um eine Stelle am »Simpl«. Ein Jahr lang war ich für Kulissen, Requisite und sonstige Tätigkeiten hinter der Bühne zuständig, ehe ich auch kleinere Schreib- und Assistenzarbeiten für ihn erledigen und ihn oft abends, nach der Vorstellung, mit meinem ersten Auto nach Hause führen durfte. Bis zu einer Stunde saßen wir dann in dem klapprigen Ford Taunus 12 M vor seinem Haustor in der Neustiftgasse, und er sprach über sein bewegtes Leben.

Seine Erzählungen waren keineswegs so heiter wie man das von einem Komödianten erwartet hätte, ganz im Gegenteil: Farkas schilderte seine Flucht vor den Nazis, sprach über seinen seit Kindheit geistig behinderten Sohn und andere Tragödien seines Lebens.

Doch hier sei eine Geschichte erzählt, die viel eher zu dem Bild passt, das man von einem Kabarettisten haben wird. Es ist eine skurrile Geschichte, die er mir auf einer unserer Autofahrten beschrieb.

Die *Kleine Zeitung* hatte im Februar 1969 – kurz bevor ich für ihn zu arbeiten begann – als Schlagzeile gemeldet:

»Heute Ankunft Onassis und Jackie Kennedy in Graz.« Und damit die Ausgangssituation für einen wirklich gelungenen Faschingsscherz geschaffen. Selbst Farkas lachte Tränen, als er sich an den Empfang erinnerte, der ihm da bereitet wurde.

»Die Zeitung hatte meine Kollegin Elly Naschold und mich engagiert, um den Grazern vorzuspielen, dass Jacqueline Kennedy und Aristoteles Onassis die steirische Metropole besuchen würden. Wir wurden entsprechend eingekleidet

Ganz Graz kam zum »Staatsempfang« für Aristoteles Onassis und Jackie Kennedy und niemand wusste, dass in Wahrheit Karl Farkas und Elly Naschold gekommen waren.

und sahen dem Ehepaar wirklich sehr ähnlich. Als wir kurz nach Mittag in einem Sonderzug am Grazer Hauptbahnhof ankamen, jubelten uns Tausende Menschen zu, die uns alle für das Paar hielten.«

Die beiden Kabarettisten schritten unter lauten »Onassis«- und »Jackie«-Rufen über einen roten Teppich, sie schüttelten Hände, nahmen Blumen in Empfang. Kleine Mädchen sagten Gedichte auf, die Musikkapelle des Grazer Bürgerkorps spielte auf, Polizei- und Eisenbahnbeamte salutierten. Fernseh- und Radioteams bemühten sich um Interviews, ein Reporter wollte von Jackie wissen, wie viel Taschengeld sie von Onassis bekäme.

Farkas trug eine dunkle Brille, ähnlich wie im Jahr davor,

als er Onassis – nach dessen spektakulärer Hochzeit mit der Kennedy-Witwe – im Fernsehen parodiert hatte. »Das Schönste war«, erzählte der Altmeister des Wiener Kabaretts, »dass Elly Naschold keinen passenden Mantel gefunden hatte, der Jackie Kennedys eleganter Erscheinung angemessen war – deshalb hat sie sich beim Kostümverleih Lambert Hofer einen Ozelotmantel ausgeborgt, den sie aber während unseres Graz-Aufenthalts nicht ausziehen durfte, weil er kein Innenfutter hatte. Ein weiteres Problem bestand darin, dass Elly – als Amerikanerin! – kein Wort Englisch konnte. Auf Interviewfragen sagte sie immer wieder zu den Reportern: ›My Mann wird answer Ihre Fragen.‹«

Nach dem Empfang am Hauptbahnhof wurde das griechisch-amerikanische Glamourpaar in einer schwarzen Limousine zum Rathaus chauffiert. Während »Jackie« und »Ari« der Menge winkten, flüsterte Farkas Elly Naschold zu: »So ist ein Schauspieler noch nie gefeiert worden!«

Im Rathaus wurden sie vom Grazer Bürgermeister Alois Scherbaum und dem gesamten Stadtsenat offiziell willkommen geheißen. Das Stadtoberhaupt, das wie alle anderen Anwesenden keine Ahnung hatte, wer da vor ihm stand, hielt eine Begrüßungsansprache, die Onassis höflich erwiderte. »Der Jubel donnerte auf, als ich versprach, für die Kosten einer Werft auf dem Grazer Hilmteich aufkommen zu wollen. Daraufhin wurden mir Bittgesuche um weitere finanzielle Zuwendungen überreicht.«

Die Grazer hatten ihren »Staatsbesuch« – und erfuhren erst am Abend im Fernsehen, wem sie zugejubelt hatten.

205

Elly Naschold erzählte, dass sie später einmal gesehen hatte, wie die englische Königin in Wien empfangen wurde. »Aber das war nichts gegen unseren ›Auftritt‹ in Graz.«

DER FALSCHE FRANZ OLAH
Hans Weigel hätt seine Freud gehabt

Hans Weigel

Dieser Hans Weigel, dachte ich, der muss ein Scheusal sein. Die Käthe Dorsch wird schon gewusst haben, warum sie ihm auf offener Straße, zwischen Volkstheater und Café Raimund, eine geschmiert hat. Böse Kritiken über verehrte Künstler schreiben, na so was!

Als ich ihn dann kennen lernte, erwies sich derselbe Hans Weigel als das Gegenteil von einem Scheusal. Er war ein weiser, grundgütiger Mensch. Allerdings hab ich ihn – zugegebenermaßen – erst in seinen späten, vielleicht milderen Jahren getroffen. Uns verband dann ein freundschaftliches Verhältnis, das bis zu seinem Tod im Sommer 1991 anhielt. Als ich einige Jahre danach aus Anlass seines neunzigsten Geburtstags von einem Grazer Buchverlag eingeladen wurde, einen Beitrag über den Doyen der Wiener Theaterkritik zu schreiben, sagte ich gerne zu. Ich stöberte zunächst in seinen Kritiken und zitierte ein paar Beispiele, um aufzuzeigen, wie Weigel über künstlerische Darbietungen brillant zu urteilen vermochte:

• »Annie Rosar braucht sich nicht in den Vordergrund zu spielen, denn wo immer sie ist, ist der Vordergrund.«

- »Heinz Rühmann findet es gar nicht komisch, dass man ihn komisch findet, das ist das Allerkomischste an ihm.«
- »Helmut Qualtinger scheint eine Inkarnation des Karl Kraus mit dem Lieben Augustin ... – Sein *Herr Karl* wollte einem bestimmten Typus auf die Zehen treten, und ein ganzes Volk schrie Au.«
- »Es gibt schlechte, brauchbare, gute, sehr gute, hervorragende und außerordentliche Schauspielerinnen, und es gibt die Alma Seidler. Sie ist begnadet.«
- »Wenn ich weiß, dass der Fritz Imhoff mitspielt, lache ich schon, bevor er auftritt.«
- »Knien wir nieder vor Hans Moser, einem unserer Größten, der seine einzigartige, schlicht väterliche Menschlichkeit erschütternd sprechen lässt. Die letzte Szene Moser-Konradi* wird kein Fühlender je vergessen können.«

Natürlich war er nicht immer so freundlich wie in den genannten Fällen, ganz im Gegenteil: Hans Weigel war gefürchtet. Nicht nur wegen seines (mit Friedrich Torberg inszenierten) »Boykotts« der Stücke von Bert Brecht, den die beiden Kritikerpäpste ablehnten, weil er sich als Kommunist bekannte. Und die eingangs erwähnte »Watschen« der Käthe Dorsch hatte natürlich auch ein Vorspiel: Die Schauspielerin war über eine Kritik verärgert, die Weigel 1956 nach ihrem Burgtheaterauftritt in Christopher Frys *Das Dunkel ist nicht licht genug* geschrieben hatte –

---

* in Schnitzlers *Liebelei*, 1954

208

wobei die Rezension für seine Verhältnisse gar nicht schlecht war. Weigel betonte sogar Käthe Dorschs »gepflegte Sprachkunst«, aber er schränkte dann ein: »Alles, was gestaltet, erlebt sein sollte, blieb Ansatz, Andeutung – wie Stars oft auf Verständigungsproben sind oder bei der dreihundertsten Vorstellung.« Das genügte der Dorsch, um Weigel vor dem Café Raimund abzufangen, ihn als »Dreckskerl« und »Drecksfink« zu beschimpfen und zuzuschlagen. Später wurde sie deshalb gerichtlich »zu einer Geldstrafe von öS 500, im Nichteinbringungsfalle drei Tage Arrest« verurteilt.

Wegen der »Watschenaffäre« zur Bezahlung einer Strafe von 500 Schilling verurteilt: Die berühmte Wiener Schauspielerin Käthe Dorsch vor Gericht.

Weigel lachte laut auf, als ich ihn, mehr als dreißig Jahre später, auf den seinerzeitigen Skandal ansprach: »Die Käthe Dorsch, mit der ich ansonsten persönlich sehr gut war, hat ja eine bisserl pathologische Schlagfertigkeit gehabt. Sie war eine Wiederholungstäterin, die vor mir

209

schon den deutschen Kritiker Harich geohrfeigt hatte.«
Und einen weiteren Publizisten, von dem sie in einem Artikel irrtümlich um ein Jahr älter gemacht wurde, bedrohte
sie brieflich mit einem Schlag ins Gesicht.

Ich erwähnte in dem posthum erschienenen Band *Im
Dialog mit Hans Weigel* noch diese und jene Episode, die ich
mit ihm und seiner Frau Elfriede Ott erlebt hatte, und pil-
gerte im Frühjahr 1998 zur Präsentation des Buches, in
dem eine ganze Reihe von Weigel-Freunden ihren Erinnerungen freien Lauf ließ. Zu ihnen zählten neben der Ott
auch die Schauspieler Otto Schenk und Helmuth Lohner,
die Kabarettisten Gerhard Bronner, Georg Kreisler und
Werner Schneyder, die Autoren Felix Mitterer und Marcel
Reich-Ranicki. Aber auch die Politiker Franz Vranitzky,
Peter Marboe, Helmut Zilk.

Und Franz Olah.

Ich blätterte während besagter Buchpräsentation, die im
Wiener Rabenhof-Theater stattfand, in dem druckfrischen
Werk und blieb verdutzt bei dem etwas eigentümlich
anmutenden Beitrag »Irritationen des Lebens« hängen.
Verfasst von Franz Olah. Im Gegensatz zu den meisten
anderen Autoren war der ehemalige Innenminister und
Gewerkschaftspräsident im Rabenhof jedoch nicht persön-
lich anwesend.

Hatte Olah überhaupt einen Beitrag für dieses Buch
geschrieben?

Und wenn nicht: Wer war dann der geheimnisvolle Ver-
fasser des Kapitels, über dem »Franz Olah« stand?

Nun, im burgenländischen Markt Deutschkreutz lebt ein
ÖBB-Beamter gleichen Namens, der auf äußerst kuriose

Weise zum Weigel-Chronisten wurde: Franz Olah, bei Erscheinen des Buches 35 Jahre alt und am Kartenschalter des Bahnhofs Wiener Neustadt tätig, hatte ein Jahr vor Erscheinen des Buches – wie wir alle, die sich an Weigel erinnern sollten – einen Brief erhalten, mit der Bitte des steirischen Verlagshauses, einen Beitrag zum neunzigsten Geburtstag des verstorbenen Literaturpapstes zu schreiben.

»Ich hab mich eh sehr g'wundert«, sagte Olah, der Bahnbeamte, als ich ihn am Tag nach der Buchpräsentation ausfindig machte. »Ich hab mich g'wundert, weil ich den Weigel weder gekannt noch je etwas von ihm gelesen habe.«

»Ja, aber warum«, fragte ich ihn, »haben Sie dann ein ganzes Buchkapitel über ihn geschrieben?«

»Ich hab den Brief zunächst nicht weiter ernst genommen und zur Seite gelegt«, antwortete der freundliche Beamte. Doch nach einigen Monaten kam ein weiterer Brief, diesmal mit der dringlichen Anfrage, wann mit dem Manuskript zu rechnen sei.

Worauf er an der Sache Geschmack zu finden begann. Wer hat schon Gelegenheit, seinen Namen nebst so illustren Persönlichkeiten in einem Buch wiederzufinden? Also las Herr Olah (der mit dem Politiker weder verwandt noch verschwägert ist) in Weigels Werken nach. Und verfasste ein Kapitel, das er dem Verlag schickte und das dann auch tatsächlich Wort für Wort genauso erschienen ist.

Im Verlag suchte man, als ich die Verwechslung in einem Zeitungsartikel »aufgedeckt« hatte, eine Erklärung für die ein wenig peinliche Angelegenheit.

211

Verwechslung: Franz Olah, der Innenminister a. D., und Franz Olah, der Bahnbeamte.

Die da lautete: Eine Mitarbeiterin war beauftragt worden, Franz Olahs Adresse herauszufinden. Sie rief im Sekretariat der SPÖ in Wien an, wo man ihr die im Computer gespeicherte Adresse des Parteimitglieds Franz Olah gab. Nun ist aber der Ex-Minister längst kein Parteimitglied mehr, man hatte ihn ja im Zuge seiner totalen Entmachtung in den 1960er Jahren auch aus seiner Gesinnungsgemeinschaft ausgeschlossen. Sehr wohl SPÖ-Mitglied ist hingegen der Bahnbeamte. So gelangte der Verlag an Herrn Olah in Deutschkreutz – und die Posse nahm ihren Lauf.

Der »echte« Franz Olah, der Minister a. D., hatte Weigel gut gekannt und hätte, wie er mir später versicherte, gerne einen Beitrag über ihn geschrieben. Die Tücken des Computers haben es verhindert.

Aber auch der »falsche« Olah, der Bahnbeamte, hat sich so seine Gedanken gemacht und kommt auf zwei Druckseiten zu dem Schluss: »Nehmen wir den neunzigsten Geburtstag Hans Weigels zum Anlass, darauf hinzuweisen, welche Werte in den Werken der österreichischen Dichtung und vor allem in den Werken Hans Weigels liegen.«

Tatsächlich. Welche Werte liegen dort! Der Nestroy, der

Qualtinger und der Weigel sind wohl am Tag der Buchpräsentation auf einer Wolke gesessen und haben sich gefreut, dass in Österreich alles so geblieben ist, wie sie's immer so trefflich beschrieben hatten.

ZWISCHEN WATCHLIST UND GRÄFIN MARIZA
Grünwald & Grunwald

Henry Grunwald

Im Herbst 1988 erhielt ich einen Anruf des damaligen amerikanischen Botschafters in Wien, Henry A. Grunwald, der mich zu einem Mittagessen in seine Residenz einlud. Präsident Ronald Reagan persönlich hatte ihn im Jahr davor für diese heikle Mission ausgewählt. Die USA in Österreich zu vertreten, sollte sich damals deshalb als heikel erweisen, weil Kurt Waldheim österreichischer Bundespräsident war. Und der durfte aufgrund einer *Watchlist*-Entscheidung bekanntlich nicht in die Vereinigten Staaten einreisen.

Was, fragte ich mich, will in dieser Situation der amerikanische Botschafter von mir? Ich lernte bei dem Treffen einen etwas untersetzten, weißhaarigen und überaus sympathischen Herrn kennen, der mit mir, halb im *American accent* (so aus der Gegend zwischen Wall Street und Park Avenue), halb im Schönbrunner Deutsch, über alte Zeiten sprach. In der Person des Henry Grunwald war der viel zitierte amerikanische Traum wahr geworden: 1938 mit seiner Familie aus Wien geflüchtet, begann er in New York als Laufbursche beim Nachrichtenmagazin TIME, dessen mächtiger Chefredakteur und Herausgeber er

215

später wurde, ehe ihn Ronald Reagan nach Österreich sandte.

Heinz Anatol Grünwald war 1922 in Wien als Sohn des bekannten Librettisten Alfred Grünwald zur Welt gekommen. Sein Vater hatte in der Zeit der Silbernen Operette für Lehár, Kálmán, Oscar Straus, Robert Stolz, Paul Abraham und andere Musikgrößen die Texte geschrieben – zur *Gräfin Mariza*, zur *Zirkusprinzessin*, zur *Rose von Stambul*, zu *Ball im Savoy*, *Viktoria und ihr Husar* ...

Mr. Grunwald erzählte mir während des Mittagessens in der noblen Residenz der amerikanischen Botschaft von seinem Elternhaus, vor allem aber von seinem Vater und dessen beruflichem Werdegang. Spätestens bei der Nachspeise war mir der Grund der Einladung klar: Henry Grunwald schlug mir vor, eine Biografie über seinen Vater zu schreiben.

Ich erbat mir eine kurze Bedenkzeit, in der ich mich ein wenig mit dem Leben des Alfred Grünwald auseinandersetzte. Und mit der beachtlichen Rolle, die er im Kulturleben der Zwanziger- und Dreißigerjahre gespielt hatte, als er die Texte zu Liedern wie *Ein Walzer muss es sein*, *Komm mit nach Varasdin*, *Zwei Märchenaugen* oder *Mausi süß warst du heute Nacht* schrieb. Die Liste seiner Evergreens ist endlos.

Nach ein paar Tagen machte ich Henry Grunwald einen Vorschlag: »In Wien gibt es drei Leute«, sagte ich, »die Ihren Vater persönlich gekannt haben. Das sind Sie, Mr. Grunwald, und die Herren Marcel Prawy und Hans Weigel. Ich möchte das Buch über Ihren Vater nicht allein schreiben, sondern in diesem Team.« Die drei anderen sollten sich als Zeitzeugen an ihn erinnern, während ich den biografischen Teil übernehmen würde. Das Buch kam dann auch wirklich in dieser Autorenkonstellation heraus (und ich bin heute noch stolz darauf, ihr angehört zu haben).

Ich erfuhr nun sehr viel von der Atmosphäre der Zwanzigerjahre, die in Wien nicht ganz so wild waren wie in Berlin. Die alte Monarchie war untergegangen, doch in Grünwalds Stücken und Operetten tanzten die Fürsten, Grafen und Barone immer noch wie anno dazumal, wohl weil das Publikum in diesen düsteren Stunden mehr denn je das Bedürfnis hatte, in eine vergangene, angeblich bessere Zeitepoche entfliehen zu können.

Als ich Alfred Grünwalds Leben niederzuschreiben begann, fiel mir auf, dass es darin streckenweise nicht minder operettenhaft zuging als in den Handlungen seiner Werke. 1884 in Wien als Sohn eines Hutfabrikanten geboren, arbeitete er zunächst als Volontär in einem Pelzhaus auf der Rotenturmstraße, in dem auch ein junger Mann namens Julius Brammer beschäftigt war. Sie fanden bald heraus, dass sie beide theaterbegeistert waren, verfassten erste gemeinsame Texte, die sie mehreren Kabarettbühnen anboten, an denen sie auch aufgeführt wurden. Ihre erste Operette hieß *Die grüne Redoute* und hatte am 26. März 1908 in Danzers Orpheum in der Wasagasse mit der Musik von Leo Ascher Premiere. Sie brachte nicht den erhofften Triumph, vermittelte aber die ersten Kontakte ins Musikgeschäft. Doch bald kamen die Erfolge: *Der lachende Ehemann*, 1911, Musik Edmund Eysler, zwei Jahre später: *Die ideale Gattin*, Musik Franz Lehár, 1916:

Die Rose von Stambul, Musik Leo Fall und schließlich: *Gräfin Mariza* und *Zirkusprinzessin,* Musik Emmerich Kálmán …

Von all den Komponisten dieser Zeit gab und gibt es Biografien, die Textdichter sind jedoch längst in Vergessenheit geraten. Eben das wollte Henry Grunwald mit Hilfe unseres Buches verhindern, waren es doch gerade Librettisten, die mit ihren Ideen und Texten die Grundlagen für die Operette geschaffen hatten. Für Marcel Prawy waren die Textbücher sogar »in erster Linie ausschlaggebend, ob eine Oper oder Operette auf der Bühne überlebt oder nicht, zumal die schönste Musik nichts hilft, wenn die Handlung allzu banal oder langweilig ist«.

Alfred Grünwald selbst kannte das Schicksal des Textdichters natürlich am allerbesten und hatte es in Reimform gesetzt:

Dem Librettisten flicht die Mitwelt keine Kränze,
Sein Schaffen bleibt verborgen in der Gänze,
Wer Mozart ist, das weiß ein jeder,
Doch niemand kennt den Schikaneder,
Er war kein Shakespeare und kein Goethe,
Und doch schrieb er die Zauberflöte …

Je länger ich mich mit den Schöpfern der leichten Muse auseinandersetzte, desto mehr Gefallen fand ich an dem Thema, das die Zeit zwischen den beiden Weltkriegen auf einzigartige Weise widerspiegelt. Schon die Frage, wie und wo ihre Meisterwerke entstanden, ist spannend: Das Café Sacher war Treffpunkt der Operettenprominenz, hier saßen Lehár, Kálmán, Oscar Straus, Robert Stolz und Ralph Benatzky, um mit ihren Librettisten die Sujets und Situationen für ihr nächstes Stück durchzuarbeiten. Während es bei den Besprechungen in den Wohnungen immer sehr lautstark zuging, wurde hier ziemlich leise diskutiert. Denn natürlich durfte – bei aller Freundschaft – Lehár nicht wissen, woran der am Nebentisch sitzende Kálmán gerade arbeitete und umgekehrt.

Die Liebe der Komponisten zueinander hielt sich in Grenzen, erzählte mir damals auch Emmerich Kálmáns Witwe Vera: »Es war natürlich eine ungeheure Konkurrenzsituation«, verriet sie, »jeder der Großen war auf den anderen eifersüchtig. Als ich mit Kálmán und Grünwald bei Lehárs *Friederike*-Uraufführung im Berliner Metropol-Theater war, drückten wir die Daumen, dass er durchfällt. Bei jeder Nummer, nach der wenig oder gar nicht applaudiert wurde, waren wir überglücklich, doch wenn Richard Tauber nach seinen Lie-

Emmerich Kálmán und Alfred Grünwald bei einem Spaziergang durch Bad Ischl

dern abging, war der Jubel des Publikums nicht zu brem-
sen und Kálmán und Grünwald wurden immer blasser.«

In den Monaten, in denen wir an dem Buch über seinen
Vater arbeiteten, kam es immer wieder vor, dass Ambassa-
dor Grunwald tagsüber im Außenministerium oder sonst
wo zum Stand der *Watchlist*-Entscheidung gegen den Bundespräsidenten Stellung nahm und mir abends von wilden
Streitereien Alfred Grünwalds mit diversen Komponisten
erzählte. So etwa vom Ende seiner Zusammenarbeit mit
Franz Lehár. Das war 1913 nach der Premiere ihrer Operette *Die ideale Gattin*, als der Lustspielautor Ludwig Fulda
behauptete, die Story sei einem Stück von ihm allzu ähnlich. Obwohl das Gericht dieser Ansicht widersprach,
wurde die »Firma Lehár-Grünwald« (so nannte man derartige künstlerischen Verbindungen) nach dieser Affäre
aufgelöst.

Streitereien standen in der Operettenwelt auf der Tages-
ordnung, sodass die »Firmen« ständig ihre Mitarbeiter
wechselten. Schrieb Grünwald mit Paul Abraham *Viktoria
und ihr Husar*, war Kálmán beleidigt und wandte sich anderen Autoren zu.

Im März 1938 hatten sich solche Gefechte ad absurdum
geführt, als die ganze Operettenseligkeit ihr jähes Ende
fand. Von der Gestapo verhaftet, landete Alfred Grünwald
zunächst in einer winzigen Gefängniszelle in der Wiener
Karajangasse, die er sich mit dem Häftling Bruno Kreisky
teilen musste. Jahrzehnte später gestand der österreichische Bundeskanzler anlässlich eines offiziellen Besuchs
in den USA dem TIME-Chefredakteur Henry Grunwald:
»Eigentlich hätte ich in dieser Situation lieber einen Zel-

lennachbarn gehabt, der ein bisschen dünner gewesen wäre als Ihr Vater.«

Alfred Grünwald gelang mit seiner Familie die Flucht nach Amerika, wo er sofort weiterschrieb, ohne freilich an die Erfolge von einst anschließen zu können, auch seiner einzigen Premiere am Broadway, *Mr. Strauss goes to Boston* – Musik: Robert Stolz – blieb der Durchbruch versagt. Die Zeit der Operette war vorbei, das Musical hatte ihr den Rang abgelaufen. Und Alfred Grünwald musste es als bitter empfinden, eine Stadt in vielen sentimentalen Liedern besungen zu haben, die ihn mittlerweile verstoßen hat: *Dann geh ich hinaus in den Wienerwald, Grüß mir die süßen die reizenden Frauen im schönen Wien, A klane Drahrerei …* und wie sie alle hießen. Und doch war er – am Ende seines Lebens amerikanischer Staatsbürger – in seinem Herzen immer Wiener geblieben.

Der Librettist Alfred Grünwald starb am 24. Februar 1951 in New York, sein Sohn Henry Grunwald am 26. Februar 2005 ebendort. Einst Redaktionsbote, war er 43 Jahre später als Herausgeber des TIME-Konzerns – und damit Chef des größten Medienunternehmens der Welt – in Pension gegangen. Der Kronzeuge einer verklungenen Operettenära zählte zu den profiliertesten Journalisten Amerikas. Er war es, der Richard Nixon nach Bekanntwerden der *Watergate*-Affäre als einer der ersten Kommentatoren zum Rücktritt aufforderte. Und zu guter Letzt hat er sich auch noch als Diplomat großes Ansehen erworben.

Henry Grunwald war nach Wien gekommen, um für die Vereinigten Staaten von Amerika die heiklen Waldheim-

Jahre zu meistern. Ein bisschen aber auch – so schien es mir – um seinem Vater ein Denkmal zu setzen.

Es wurden gleich zwei daraus: Das eine ist unser gemeinsames Buch. Und das andere befindet sich heute im Alfred-Grünwald-Park nächst dem Theater an der Wien.

Vater Grünwald & Sohn Grunwald, 1989 im Alfred-Grünwald-Park in Wien.

222

WARUM GERADE DIE SCHRATT?
Die Nichte erzählt vom Kaiser und noch mehr

Zeitzeugen können ein gutes oder ein schlechtes Gedächtnis haben. Sie wissen, was wesentlich ist, oder erzählen belanglose Nebensächlichkeiten. Sie können gut formulieren oder weniger gut. Katharina Hryntschak geborene Schratt war ein richtiger Glücksfall von einer Zeitzeugin. Sie war die Nichte der Schauspielerin Katharina Schratt, hatte viele Jahre mit dieser in gemeinsamem Haushalt

Katharina Schratt

gelebt und deren Alltag als Seelenfreundin des Kaisers von Österreich aus nächster Nähe miterlebt. Darüber hinaus war sie eine blendende Erzählerin, die mit ihren neunzig Jahren noch Details wusste, die niemand sonst kannte. Frau Hryntschak hatte auch einen großen Sinn für kleine Begebenheiten, die das Bild einer Persönlichkeit abrunden. Die langen und ausführlichen Gespräche, die ich mit ihr führte, fanden 1982 statt, als ich eine Biografie über Katharina Schratt schrieb.

»Warum gerade die Schratt?«, wollte ich wissen. »Was hat den Kaiser so sehr an dieser Frau fasziniert, dass sie mehr als dreißig Jahre lang seine wichtigste Kontaktperson zur Außenwelt war?«

»Sie hatte Charme und Humor, der Kaiser
konnte nur bei ihr lachen«: Schratt-Nichte
Katharina Hryntschak mit Sohn Peter Schratt
(vor einem Bild der berühmten Tante).

»Die Tante Kathi
hatte die wunder-
bare Gabe, dem Kai-
ser in legerem Plau-
derton zu berichten,
was draußen in der
Welt, am Theater, in
der Wiener Gesell-
schaft, in den Salons,
an den Stammti-
schen oder ›im Volk‹
vor sich ging. Der
Kaiser war an jeder
Form von Tratsch
interessiert. Zudem
hatte sie unendli-
chen Charme und
einen köstlichen
Humor. Der Kaiser
konnte nur bei ihr
lachen. Und zwar so,
dass ihm die Tränen herunter geronnen sind. Der Mann,
der von früh bis spät nur Unangenehmes über sich erge-
hen lassen musste, fand bei ihr die Stunden des Aus-
gleichs.«

Ich suchte Katharina Hryntschak immer in ihrer Wohnung auf der Praterstraße auf, in die mich ihr Sohn, der
inzwischen ebenfalls verstorbene Burgtheaterschauspieler
Peter Schratt, meist hinbegleitet hatte. »Ich weiß schon,
dass nur wenige Leute diese Beziehung verstehen werden«,

meinte die Nichte, deren Vater Katharina Schratts Bruder gewesen ist. »Ein Monarch und eine Schauspielerin! Aber die Tante Kathi war für ihn das Fenster, durch das er in die Welt hinausgeschaut hat. So ein Kaiser sitzt ja wie ein Gefangener in seinem Palast. Und dann lernt er diese Katharina Schratt kennen, die ein ähnliches Naturell und dieselben Interessen hatte wie er. Sie war in keiner Weise belesen. Wenn ihr ein Theaterdirektor über die Sommerferien oder für den Kuraufenthalt in Karlsbad neue Stücke zum Lesen mitgegeben hat, dann hat sie ihm die Rollenbücher im Herbst unberührt wieder auf den Schreibtisch gelegt. Solange ich bei ihr gelebt habe, sah ich auf ihrem Nachtkästchen nur rote, schmale Bücher, die so genannten *Engelhorn*-Hefte, das waren eigentlich Schundromane. Da sie nachts schwer einschlafen konnte, hat sie oft bis drei Uhr früh in diesen Heften gelesen. Mich als jungen Menschen hat das zur Verzweiflung gebracht, aber an Literatur, an Schöngeistigem war sie nicht interessiert.«

Katharina Schratt war am 11. September 1853 als Tochter eines Papierhändlers in Baden bei Wien zur Welt gekommen und hatte gegen den Willen der Eltern eine Schauspielschule besucht. Nach ersten Engagements in Berlin und St. Petersburg wurde sie an das Wiener Stadttheater und 1883 an das Burgtheater geholt. Wie in solchen Fällen üblich, hatte sie nun in Audienz bei Kaiser Franz Joseph zu erscheinen, um sich als neues Mitglied des Hoftheaters vorzustellen. »Gefunkt« hat's aber erst drei Jahre später bei einem Treffen im Atelier des Malers Heinrich von Angeli, das Kaiserin Elisabeth in der Absicht arrangiert hatte, ihren Mann »versorgt« zu wissen, wenn sie auf Reisen ging. Ja, die Ehefrau selbst war es, die Franz Joseph mit der Schauspielerin verkuppelte.

Neben den regelmäßigen und sehr zeitaufwendigen Begegnungen mit dem Kaiser schaffte die Schratt eine beachtliche Theaterkarriere und wurde zum Liebling des Wiener Publikums. »Sie *musste* zum Theater gehen«, erzählte die Nichte, die sie oft auf der Bühne erlebt hatte, »das Talent war in ihr, sie konnte nicht anders als Menschen nachzuahmen. Und sie hatte eine unglaublich schöne, reine Sprache.«

Der Kaiser hörte ihren Erzählungen ebenso gerne zu wie er sich ihr anvertrauen konnte, weil sie hundertprozentig diskret war. »Sie hat kein Wort von dem, was er je mit ihr besprochen hat, in die Öffentlichkeit getragen«, betonte Katharina Hryntschak. »Sie hat auch bei uns in der Familie so gut wie nie über die Gespräche mit dem Kaiser irgendetwas erzählt. Seine Majestät wusste, wie sehr er sich auf ihre Verschwiegenheit verlassen konnte.«

Die Diskretion ging so weit, dass sich im Nachlass der Schratt nicht weniger als 537 Briefe fanden, die der Kaiser an sie geschrieben hatte. Sie hatte jede seiner Zeilen aufbewahrt – aber bei einem Brief fehlen wesentliche Passagen. Es ist der Brief, den Franz Joseph nach dem Tod Kronprinz Rudolfs verfasst hat, in dem er auf die näheren Umstände von Mayerling eingeht. Dass Katharina Schratt ausgerechnet diesen Teil des Briefes vernichtete, ist für sie symptomatisch, durfte doch allzu Persönliches nie nach außen gelangen.

Katharina Hryntschak hatte sich mit ihren neunzig Jahren eine bewundernswerte geistige und körperliche Frische erhalten, und man kann es ihr auch nicht verdenken, dass sie die Jahre an der Seite ihrer Tante als »große Zeit« in Erinnerung behielt. Vom Kaiser sprach sie auch im Jahre 1982 noch von »Seiner Majestät«.

War es Liebe oder bloß Zuneigung?

»Seine Majestät hat die Tante sicher geliebt«, wusste Katharina Hryntschak, »aber sie erwiderte seine Liebe eher mit Sympathie, Respekt und Zuneigung. Die Tante hat ihn gern gehabt und war sicher fasziniert, mit einem der mächtigsten Männer der Welt befreundet zu sein. Aber ich glaube nicht, dass sie ihn geliebt hat.«

Nichts lag Katharina Hryntschak ferner als daran zu glauben, dass zwischen dem Kaiser und ihrer Tante eine Beziehung bestanden hätte. »Ein intimes Verhältnis? Wo denken Sie hin? Das wäre ja schon praktisch gar nicht möglich gewesen, wie hätte man denn das bei so viel Personal geheim halten sollen? Die Dienstleute haben von der Tante in Hietzing und bei Hof immer die Informationen ausgetauscht: ›Also, bei uns is nix passiert, bei euch?‹ Da haben dann die Kammerdiener vom Kaiser gesagt: ›Nein, bei uns is auch nix g'wesen.‹«

Besser gesagt, es sollte nichts sein. Dass in der Korrespondenz Hinweise aufscheinen, die eine gewisse Intimität andeuten, wollte Katharina Hryntschak nicht zur Kenntnis nehmen. »Die Leute hätten sicher gern darüber getratscht«, sagte sie jetzt, »aber es war halt leider nichts!«

An dieser Stelle mischte sich Peter Schratt ein und erklärte zur Erleichterung der Anwesenden: »Sagt's einmal, is es nicht völlig wurscht, ob was war oder nicht?«

227

Wenn Katharina Hryntschak über den Alltag ihrer Tante sprach, erinnerte sie sich noch an alle Details. »In Ischl ist der Kaiser schon zum Frühstück gekommen. Um Punkt dreiviertel sieben Uhr hat er das Haus betreten und sehr laut ›Guten Morgen!‹ gerufen. Er hat mit genau derselben Kommandostimme gegrüßt, als wäre er am Exerzierplatz. Wer bis dahin nicht auf war, wurde auf diese Weise vom Kaiser geweckt. Er hat gar nicht gewusst, wie er uns mit diesen Gewohnheiten schikaniert hat. Das ganze Haus hatte täglich um fünf Uhr früh aufzustehen, weil er so ein Morgenmensch war. Die Köchin der Tante musste sogar um vier Uhr aus dem Bett, da der Frühstücksgugelhupf genauso frisch zu sein hatte wie die Milch vom Bauern gegenüber, das alles war für Seine Majestät selbstverständlich. Natürlich wäre es ihm peinlich gewesen, hätte er mitbekommen, wie sehr wir alle darunter litten – aber die Tante hat ihn von solchen Dingen verschont.«

Den Vormittag verbrachte der Kaiser dann an seinem Schreibtisch – in Bad Ischl oder in Wien, »aber zum Mittagessen war er, wenn es ihm möglich war, schon wieder da. Er liebte die einfache Kost, hat aber auch gerne gut gegessen. Und er wurde bei der Tante nie enttäuscht, denn sie hat immer eine exzellente Köchin gehabt. Ich erinnere mich an ein Bauernmädchen namens Elise, das die Tante selbst so abgerichtet hat, dass es genau den Geschmack Seiner Majestät traf.«

Fast unglaublich ist der Grund, warum der Kaiser von Österreich der Verpflegung bei der Schratt den Vorzug gab: »Natürlich hatte man auch bei Hof erstklassiges Küchen-

228

personal«, erzählte Frau Hryntschak, »es hat ihm das Essen aber trotzdem nicht besonders geschmeckt. Die Mahlzeiten sind dort zwar in den riesigen Glutöfen gekocht worden, doch bis sie dann durch die langen Gänge der Hofburg oder des Schönbrunner Schlosses getragen waren, die beiden Vorzimmer des Kaisers passiert hatten und endlich auf seinem Tisch standen, war alles

»Der Kaiser hat gar nicht gewusst, wie er uns mit diesen Gewohnheiten schikaniert hat«: Katharina Schratt, Kaiser Franz Joseph bei einem Spaziergang in Bad Ischl.

kalt oder zumindest sehr ausgekühlt. Da hat's ihm dann nicht mehr so gut geschmeckt. Gegessen wurde immer um Punkt zwölf. Am liebsten hatte der Kaiser Suppe, Rindfleisch oder Geflügel und dazu ein Glas dunkles Bier.«

Während die Schratt im Sommer in Ischl »zu sein hatte« – um den Kaiser in den Genuss ihrer Gesellschaft zu bringen – bevorzugte sie es in den Wintermonaten, in den Süden zu reisen. Und der Kaiser verschaffte ihr die Möglichkeit dazu. In einem Brief teilt er der Schratt mit, er hätte dem Burgtheaterdirektor »die Weisung ertheilen lassen,

229

Ihnen einen so langen Urlaub zu gewähren, als Sie brauchen und wünschen …«

Sie »brauchte und wünschte« im Allgemeinen zweieinhalb Monate, die sie am Meer verbrachte. Von Mitte Februar bis Ende April mietete sie die Villa Bambou an der französischen Riviera, ganz nahe von Monte Carlo, wo ihr als krankhafter Roulettespielerin innerhalb kürzester Zeit das Geld ausging. In solchen Fällen wurde die Nichte zum Kaiser geschickt. »Ich war damals im Gymnasium und habe manchmal wochenlang die Schule geschwänzt, um mit der Tante an die Riviera zu fahren. Natürlich bin ich nicht so lange geblieben wie sie. Kaum war ich zurück in Wien, mussten entweder meine Mutter oder ich in Audienz zum Kaiser.« Der Grund war jedes Jahr derselbe: »Die Tante brauchte Geld. Geld für Monte Carlo. Sie hatte meist schon in den ersten Tagen alles verspielt.«

Franz Joseph wollte in solchen Fällen nicht nur zahlen, sondern auch mit neuen Geschichten von der Côte d'Azur versorgt werden. »Es war mir von meiner Tante ausdrücklich verboten worden, außerhalb des Casinos auch nur ein Wort darüber zu verlieren, wer aller spielte. Es wäre ja auch wirklich peinlich gewesen, wäre etwa die Spielleidenschaft Victor Adlers in Wien publik geworden. Der Kaiser war der einzige, dem ich's erzählen durfte. Er hat schallend gelacht, als er hörte, dass der Arbeiterführer Dr. Adler neben dem Bankier Louis Rothschild am Roulettetisch gesessen ist.«

Die Audienzen, in denen der Kaiser die Schratt-Nichte empfing, fanden meist in Schönbrunn statt. »Ich war natürlich gemeldet, da standen zwei Kammerdiener im Frack,

die mir die großen Flügeltüren öffneten«, erinnerte sich
Katharina Hryntschak. »Ich bin hineingegangen und da ist
der Kaiser, wunderschön in der Silhouette, vor mir gestanden. Einmal, als meine Erzählungen vom Spielbetrieb
beendet waren, und ich bemerkt hatte, dass es schon ziemlich spät war, sagte ich zu ihm: ›Jetzt habe ich Eure Majestät aber lange genug aufgehalten.‹ Im selben Augenblick
bin ich erschrocken, denn das war natürlich gegen jedes
Protokoll; selbstverständlich war es der Kaiser, der seine
Besucher zu verabschieden hatte. Er hat aber nur gelacht
und wollte nun auch noch die neuesten Geschichten vom
Affen hören.«

»Vom Affen?«, staunte ich.

»Ja, die Tante besaß einen Java-Affen, der einen Meter
groß war, auf den Namen ›Gigi‹ hörte und jedes Jahr nach
Monaco mitkam. Die Katastrophe hat schon auf der Fahrt
begonnen. Wir hatten einen Reisekäfig mit, aber das Viech
konnte natürlich nicht von Wien bis an die Riviera da drin
bleiben. Da hat ihn die Tante im Zugabteil ausgelassen. Er
setzte sich dann wie ein Mensch neben sie. Die Konduk-
teure waren natürlich neugierig und haben durch die Glas-
tür ins Coupé geschaut. Ein Schaffner ist einmal hereinge-
kommen, weil er den Gigi streicheln wollte. Kaum war aber
die Tür offen, ist der Aff' aus dem Coupé und während der
langsamen Einfahrt in einen Bahnhof kurz nach Genua
durch das offene Fenster aus dem Zug hinausgeflitzt. So
schnell konnten wir gar nicht schauen, wie er weg war! Die
Kammerjungfrau und ich, wir haben ihn dann auf einem
Felsen am Meer sitzend gefunden.«

Klar, dass Katharina Hryntschak diese Episode dem Kaiser erzählen musste, genau das waren die Geschichten, die er hören wollte.

Auch Peter Schratt hatte noch Erinnerungen an seine Großtante. »War sie maßlos?«, fragte er und lieferte die Antwort selbst nach: »Wenn sie Tiere hielt, so hatte sie nicht etwa mehrere, sondern gleich sieben Hunde und drei Papageien und einen großen Affen. Trieb sie Mundhygiene, benützte sie pro Woche sieben Zahnbürsten, für jeden Tag eine und diese dreimal täglich. Sie hatte auch sieben Kirchen, für jeden Tag der Woche eine. Die Bettler Wiens kannten diesen Turnus und erwarteten – sich und der Großtante zur Freude – jeden Morgen die Schratt an der ›richtigen‹ Kirchentür, um dort von ihr oft gar nicht unbedeutende Geldbeträge, aber auch Kuchen und Brote in Empfang zu nehmen. Auch ich selber habe sie maßlos erlebt. Zu Weihnachten etwa kannte ihre Freigiebigkeit keine Grenzen. Über dreihundert Namen standen jedes Jahr auf ihrer Geschenkliste.«

Am 19. November 1916 besucht die Schratt zum letzten Mal ihren großen Verehrer. Es ist dies der Namenstag Elisabeths und die Seelenfreundin tauscht mit dem Kaiser – wie so oft – Erinnerungen an seine Sisi aus.

Zwei Tage später ist Franz Joseph tot. »Der Hofarzt Dr. Kerzl ist in dieser Zeit täglich zur Tante in die Villa gekommen, um sie auf dem Laufenden zu halten«, erzählte Katharina Hryntschak. »Sie wollte auch an den beiden letzten Tagen zum Kaiser, doch sein Obersthofmeister Fürst Montenuovo ließ sie nicht zu ihm. Er hatte während seiner ganzen Amtszeit versucht, gegen diese Beziehung zu intrigieren. So lange der Kaiser dazu in der Lage war, hat er sie auch gegen seinen Willen empfangen, aber jetzt konnte er nicht mehr.«

Als Katharina Schratt die Nachricht vom Tod des Kaisers erhält, eilt sie wiederum nach Schönbrunn. Der Leichnam des Monarchen liegt auf dem einfachen Eisenbett. Die Freundin geht auf den toten Kaiser zu und legt ihm zwei weiße Rosen in die Hände.

Und damit ist die außerordentliche Stellung, die Katharina Schratt drei Jahrzehnte lang in der österreichisch-ungarischen Monarchie genoss, auch schon beendet. Mit dem Ableben ihres Gönners Franz Joseph hat sie bei Hof keinerlei Status mehr. Schon als sie am nächsten Tag beim Fürsten Montenuovo anfragen lässt, wo sie sich beim Begräbnis einzufinden habe, wird ihr ausgerichtet: »Für die gnädige Frau ist kein Platz vorgesehen.«

»Das hat die Tante sehr getroffen«, erinnerte sich die Nichte. »Während des Begräbnisses am 30. November ist sie dann mit mir in der Villa gesessen, und wir haben gemeinsam gebetet.«

Die pensionierte Schauspielerin sollte den Kaiser fast um ein Vierteljahrhundert überleben. Doch die Welt, in der sie danach noch lebte, war nicht mehr die ihre. Sie zog sich zurück und schwelgte in den Erinnerungen an die Jahre, die sie an der Seite des Kaisers verbrachte.

Katharina Schratt starb am 17. April 1940 in ihrem 87. Lebensjahr, Katharina Hryntschak 1987 im Alter von 94 Jahren, ihr Sohn Peter Schratt war 64, als er 1996 starb.

Heute weiß ich, dass eine Aufarbeitung des Lebens der Hofschauspielerin Katharina Schratt ohne ihre Nichte nicht oder nur sehr schwer möglich gewesen wäre.

»ICH MÖCHT NOCH EINMAL DIE MATURA MACHEN«
Marcel Prawy – das letzte Gespräch

Wir trafen uns in der von ihm so geliebten Blauen Bar des Hotel Sacher in Wien zu einem unserer vielen Gespräche. Ich konnte nicht ahnen, dass es das letzte sein würde. So gut gelaunt war er, so voller Tatendrang, so frisch.

»Setz dich, Markuserl«, sagte »Marcello« und kam wie immer gleich zur Sache. »Eigentlich hab ich ein schlechtes Gewissen.«

Warum?

»Weil ich aus einer kurzlebigen Familie stamme. Mein Vater ist mit 59 Jahren gestorben, meine Mutter mit 35. Und ich hab jetzt die Neunzig überschritten.«

Wie kann man mit neunzig so aktiv sein?

»Ich hab ein Lebensprinzip: Je älter man wird, desto schwerer muss man es sich machen. Ich hab immer versucht, nicht leise zu treten, sondern laut zu treten. Aus der inneren Überzeugung heraus, dass das einen bei Kräften hält. Ich arbeite mehr, als ich je in meinem Leben gearbeitet habe. Hier eine Gala, dort ein Auftritt, da eine Fernsehsendung ...«

Wie fühlt man sich als Neunzigjähriger, der mitten im Berufsleben steht?

»Ich fühle mich wie ein Neunzigjähriger, also ganz jung. Aber ich weiß, dass ich neunzig bin, weil ich so viel erlebt habe. Als Achtzigjähriger könnte ich nicht so viel erlebt haben. Manchmal sitz ich in der Oper und denk mir, warum steht der Sänger *links*, an dieser Stelle ist doch der Richard Tauber *rechts* gestanden. Das war vor 75 Jahren, und deshalb muss ich neunzig sein, obwohl das alles für mich wie gestern war.«

Wie hast du es geschafft, so jung zu bleiben?

»Da möchte ich dir widersprechen. Ich war niemals jung, nie! Ich hab nur immer dasselbe gemacht: am Tag studiert oder gearbeitet und gewartet, bis abends die Vorstellung beginnt. Ich habe auch keine geistige und seelische Entwicklung durchgemacht. Was mir im Jahr '26 gefallen hat, gefällt mir auch heute, und was mir damals nicht gefallen hat, das brauch ich noch immer nicht. Mein Geheimnis ist, dass ich nur das tu, was mich begeistert. Nur was ich liebe, kommt für mich in Betracht, und das erweckt eine Zauberkraft in mir.«

Du bist zu unserem Treffen mit einem Stock gekommen, den du aber nie verwendest, wenn du auf der Bühne stehst.

»Sobald der Vorhang aufgeht, brauch ich meinen Krückstock nicht, da ist alles weg, auch die Arthritis im Knie. Ich geh über die Bühne, setz mich nieder, steh auf, ganz problemlos. Wenn der Auftritt vorbei ist, nehm ich den Stock und hatsch wieder.«

Noch besser funktioniert Prawys Hirn!

»Ja, wahrscheinlich, weil die Maschine ständig geölt wird. Ich arbeite 17, 18 Stunden am Tag, kenne keinen Samstag, keinen Sonntag, keine Nacht. Ich schlafe sehr wenig, weil ich im Grunde ununterbrochen denke.«

Wann machst du Urlaub?

»Weil mir das alles so große Freude macht«: Marcel Prawy.

»Urlaub? Um Gottes willen! Vorigen Sommer war ich in Hallein, um in Ruhe arbeiten, an einem Buch schreiben zu können. Aber vierzehn Tage am Strand von Rimini liegen – das wär das Schrecklichste für mich.«

Hast du je daran gedacht, in Pension zu gehen?

»So lange die Leute in Scharen zu meinen Vorträgen kommen, so lange mach ich weiter. Weil mir das alles so große Freude macht.«

Nur deshalb?

»Nicht nur. Eigentlich hab ich viel weniger Geld, als ich bei so viel Arbeit und meinem Bekanntheitsgrad haben müsste. Ich leb ja auch über meine Verhältnisse. Ich wohne, seit ich Sekretär von Jan Kiepura war, im Hotel.«

Warum eigentlich?

»Schau, ich möchte mein Hirn, so lange es funktioniert, dort einsetzen, wo es viel weiß. In der Oper weiß es, was zu tun ist. Aber wenn eine Fensterscheibe kaputtgeht oder auf der Toilette das Wasser rinnt, ruf ich den Portier an. Denn ich wüsste nicht, wo man jemanden findet, der das repariert. Auch um mir das leisten zu können, arbeite ich so viel.«

Bist du mit deinem Leben zufrieden?

»Manchmal sagt jemand zu mir: ›Prawy, Sie hätten Operndirektor werden müssen!‹ Wenn ich das höre, bin ich für ein paar Sekunden depressiv. Doch dann kommt mein Lebensmensch, die Senta Wengraf, und sagt: ›Vergiss nicht, niemand hat ein so schönes Leben wie du! Du bist neunzig, lebst wie ein Dreißigjähriger, bist mitten im Geschäft, jeder kennt dich, keinem geht es so gut wie dir.‹ Dieser Satz tut mir so gut. Manchmal ruf ich in der Früh die Senta an und fordere sie auf: ›Sag den Satz!‹ Dann sagt sie ihn und alles ist wieder in Ordnung.«

Ist da ein Wunsch, den du dir noch erfüllen möchtest?

»Ja, ich möcht noch einmal die Matura machen. Ich interessiere mich für alles so wahnsinnig. Ich will erfahren, wieso ein Flugzeug fliegt, ich möchte viel lesen, noch ein, zwei Sprachen lernen. Aber ich hab keine Zeit, weil ich so viel anderes mach. Daher wär mein Wunsch, noch einmal zur Matura antreten zu müssen, um all das nachzuholen, was seit meiner Schulzeit in Physik, Chemie und Mathematik dazugekommen ist.«

Einige Wochen nach diesem Gespräch begab sich Prawy in eine deutsche Kuranstalt, von der er sich nach einem kurzen Aufenthalt ins Wiener Rudolfinerhaus führen ließ. Hier verschlechterte sich sein Zustand dermaßen, dass man ihn in die Intensivstation des Allgemeinen Krankenhauses überstellte. Dort starb Marcel Prawy am Nachmittag des 23. Februar 2003 an einer Lungenembolie. Der ihn behandelnde Internist Reinoud Homan sagte damals zu mir: »Als er aufhörte, *Ö 1* einzuschalten, um seine geliebte Musik zu hören, wusste ich, dass es ihm wirklich schlecht ging.«

238

»DA HÄTTE ICH EXZELLENZ ZU IHM SAGEN MÜSSEN«
Zeitzeuge Otto von Habsburg

Ich hab immer »Herr Doktor Habsburg« zu ihm gesagt, »Kaiserliche Hoheit« schien mir doch etwas anachronistisch – und ich glaube, es wär auch ihm ein bissl peinlich gewesen. Fest steht, dass er der Letzte ist, der noch von einer Begegnung mit »dem alten Kaiser« berichten kann. Und so wurde mir, wann immer ich Otto von Habsburg traf, bewusst, dass die

Otto von Habsburg

Spanne zwischen der Zeit, in der wir leben, und dem Ende der österreichisch-ungarischen Monarchie eigentlich gar nicht so groß ist, wie sie zu sein scheint. Dennoch ist's ein eigenartiges Gefühl, jemandem gegenüberzusitzen, der sich gut daran erinnern kann, als Kind seinen Urgroßonkel Kaiser Franz Joseph besucht zu haben.

Als ich 1985 einen Band mit Fotos und Dokumenten aus dem Leben Kaiser Franz Josephs herausgab, stand Otto Habsburg mir zum ersten Mal als Zeitzeuge zur Verfügung.

»Ich war drei oder vier Jahre alt«, begann er seine Erzählung, »als ich in Begleitung meiner Mutter zu Kaiser Franz Joseph in die Hofburg ging. Mir sind vor allem die vielen großen Menschen in Erinnerung geblieben, die dort herumstanden. Es war ein enormer Eindruck für mich, als mich der Mann mit seinem weißen Bart und der Uniform, der in allen Teilen der Monarchie bekannt war, herzlich begrüßte. Sie müssen bedenken, dass praktisch jeder Mensch, der damals in Österreich gelebt hat – ob jung oder alt – nur diesen einen Kaiser kannte: Die Bewohner des Vielvölkerstaates lernten sein Bild in der Schule kennen, sie wuchsen damit auf, es hing in Ämtern und öffentlichen Gebäuden, und als sie begraben wurden, war es immer noch da. Und doch muss ich ganz ehrlich sagen, dass mir die Umstände, wie die Fotografie, die während meines Besuchs in der Hofburg entstand, noch mehr in Erinnerung geblieben ist als der Kaiser selbst. Da wurde mit einer großen Pfanne ein Feuer angezündet, um dem Bild genügend Licht zu geben. Das alles hat mir schon sehr imponiert.«

Otto Habsburg kann bezeugen, »welche Wirkung der Begriff Kaiser Franz Joseph damals auch auf einen ganz jungen Menschen gehabt hat. Zum Kaiser zu gehen«, meint er, »das war so etwas wie eine Kirche zu betreten. Auch für mich als Kind war die Autorität, die dieser alte Mann ausstrahlte, physisch spürbar. Das Besondere war, dass ihm jeder nahe kommen konnte. Er hat in seinem Leben zehntausende Menschen aus allen Teilen des Reichs und aus allen Gesellschaftsschichten in Audienz empfangen. Und trotz dieser Nähe zur Bevölkerung war Kaiser Franz Joseph nicht gezwungen, sich ständig beschützen zu lassen. Es wäre heute undenkbar, dass ein Staatsoberhaupt jeden Tag genau zur gleichen Stunde ohne Polizeibegleitung durch seine Hauptstadt fährt, um den Ort seiner Arbeit zu erreichen. Damals war das selbstverständlich. Dabei hat es auch Attentate gegen Kaiser Franz Joseph gegeben. Diese waren aber Randerscheinungen und wurden so allgemein abgelehnt, dass er nicht die Notwendigkeit empfand, sich durch die Polizei abschirmen zu lassen. Er war für das Volk wie ein Vater, gegen den man gelegentlich protestiert, den man aber als Autorität auch weiterhin anerkennt.«

Otto Habsburg ist auch einer der wenigen Zeitzeugen, dem die Monarchie in ihrer Endphase noch deutlich in Erinnerung blieb. Einige dieser Erinnerungen vertraute er mir im Zuge mehrerer

»Auch für mich als Kind war die Autorität, die dieser alte Mann ausstrahlte, physisch spürbar«: Kaiser Franz Joseph und Otto von Habsburg im Jahre 1916 in der Wiener Hofburg.

Begegnungen an, wobei er erstaunlicherweise auch dann nie die Ruhe verlor, wenn ich manch unbequeme Frage stellte. Die Gespräche fanden in der Konditorei Demel, im Café Landtmann und in einem Fernsehstudio statt.

Beim Demel fragte ich ihn, wie er damit leben könne, der Erste in einer sechshundert Jahre alten Dynastie zu sein, auf den die Thronfolge nicht angewandt wurde. Otto Habsburg überlegte kurz und sagte dann: »Ein Kaiser, ein König zu sein, eine Krone zu tragen, ist eine so furchtbare Aufgabe, dass man sie wohl als Verpflichtung annimmt. Aber wünschenswert ist sie nicht. Ich muss Ihnen daher ganz ehrlich sagen, ich bin mit dem Leben, wie ich es führe, weitaus glücklicher, als ich es im anderen Fall gewesen wäre.« Dann schmunzelte er ein wenig und fügte hinzu: »Es hat noch einen Vorteil, kein Kaiser zu sein. Wenn ich heut einen besonders dummen Menschen sehe, kann ich ihn einen Esel nennen. In der Rolle als Kaiser hätte ich womöglich Exzellenz zu ihm sagen müssen.«

Sein Vater durfte sie noch spielen, diese »Rolle als Kaiser«. Allerdings nur zwei Jahre, und die waren überschattet vom Ersten Weltkrieg. Hätte Kaiser Franz Joseph den nicht verhindern können?

»Sicher, jeder Mensch, der handelt, begeht Fehler«, erklärte Otto von Habsburg. »Nachher dazu etwas zu sagen, ist immer leichter. Aber man muss zugeben, dass 1914 eine andere Politik gegen Serbien zielführender gewesen wäre.« Die Frage der Schuld sei »nicht leicht zu beantworten«, meinte Habsburg. »Aber eines kann ich mit Bestimmtheit sagen: Mein Vater wäre nicht in den Krieg gezogen, und zwar trotz des massiven Drucks der Öffentlichkeit. Er hätte es nicht zum Ersten Weltkrieg kommen lassen.«

»Woher wissen Sie das?«

»Ich schließe das aus folgendem Grund aus: Meine Mutter hat mir mehrmals erzählt, dass mein Vater die Situation als eine fatale Entwicklung, die nur zur Katastrophe Österreichs führen konnte, betrachtet hat. Und zwar schon am Tag der Kriegserklärung.«

Die Serviererin des im Schatten der Hofburg gelegenen Demel, der in seinem Firmennamen immer noch die Bezeichnung Hof-Zuckerbäckerei führt, unterbrach mit der Frage »Haben schon gewählt?«, aber so spricht sie auch jene Gäste an, die keinen Kaiser in der Familie haben. Otto Habsburg entschied sich für eine Melange. Und blieb noch einen Augenblick beim Thema Franz Joseph: »Der Kaiser mit seinen gewaltigen Qualitäten war in dem Moment ein sehr alter Herr, der noch mehr als ein wesentlich jüngerer dem Druck seiner Mitarbeiter und der eigenen Umgebung ausgesetzt war. Und diese Umgebung war in dem Moment absolut kriegsbegeistert.«

»Herr Doktor Habsburg«, erwiderte ich, »wenn Sie sagen, der Kaiser war ein alter Herr, dann kritisieren Sie doch damit die Institution der Monarchie, denn es steht fest, dass das demokratisch gewählte Oberhaupt einer Republik mit 84 Jahren kaum noch im Amt gewesen wäre, während Franz Joseph fast 68 Jahre regierte.«

»Auch in einer Republik regieren Gott sei Dank alte Leute«, meinte Otto von Habsburg. »Außerdem darf man nicht vergessen, dass die Sache schon sehr weit entwickelt war, ein Krieg lag in der Luft. Die Leute haben 1914 nicht gewusst, was ein Krieg ist, weil's schon so lange keinen mehr gegeben hat, und sind daher viel leichter hineingeschlittert.«

Als ich ihn fragte, ob sein Vater denn wirklich alles getan hat, um den Krieg so rasch wie möglich zu beenden, wurde der geordnete Kaffee auf den runden Marmortisch gestellt.

»Er hat es versucht«, fuhr Habsburg fort. »Leider ist ihm

der Erfolg nicht vergönnt gewesen. Als er Kaiser wurde, war's bereits zu spät. Vielleicht hätte er etwas verändern können, wenn er früher drangekommen wäre, aber das sind natürlich Spekulationen, Sandkastenspiele der Geschichte.«

Als Kaiser Karl 1922 mit 34 Jahren an den Folgen einer Lungenentzündung im Exil auf Madeira starb, war Otto zehn Jahre alt. »Zwei Phasen«, sagte er, seien ihm in Bezug auf seinen Vater in Erinnerung geblieben. »Die eine, während des Weltkriegs, da habe ich ihn so gut wie nie gesehen, da war er fast die ganze Zeit draußen an der Front. Die zweite Phase war dann nach dem Krieg, da habe ich ihn etwas mehr gesehen, speziell in den letzten Wochen seines Lebens, in denen er noch versucht hat, offensichtlich im Gefühl, dass er nicht mehr sehr lange bei uns sein wird, mich in seine Gedanken einzuführen. Ich würde ihn als gütig, ausgeglichen und von tiefem Glauben beseelt charakterisieren.«

Dass Kritiker ihn auch als schwach und weltfremd bezeichnen, lässt Otto von Habsburg so nicht gelten: »Schwach war er nicht, er hat in schweren Zeiten Mut gezeigt. Tja, und zur Frage, ob er weltfremd war: Wissen Sie, er hatte eine Aufgabe zu bewältigen, die fast unlösbar gewesen ist. Ich würde es nicht weltfremd nennen, er selbst hat ganz richtig die eigenen Chancen als sehr gering beurteilt.«

»Hand aufs Herz, Herr Doktor Habsburg, haben Sie die Monarchie endgültig abgeschrieben oder könnte jemals wieder eine Zeit kommen, die ein Kaiserreich hervorbringt?«

»Ich habe eine Loyalitäts-
erklärung abgegeben, und
an die halte ich mich. Und
das war ganz richtig so, denn
ohne sie hätte ich meine
ganze europäische Arbeit
nicht machen können.«

»Mit anderen Worten, Sie
halten das Kapitel Monar-
chie in Österreich für beendet?«

»Da bin ich zu sehr Historiker, um irgendetwas je als
abgeschlossen zu betrach-
ten. Wenn man sich die
Geschichte über Jahrhun-

*»Mein Vater hatte eine Aufgabe,
die fast unlösbar gewesen ist«:
Otto Habsburg über Kaiser Karl.*

derte anschaut, kann man von keiner Staatsform sagen, die
ist für immer weg. Monarchien und Republiken haben
einander immer wieder abgewechselt. Aber die Familie
Habsburg ist ja nicht gleich Monarchie. Was mit meiner
Familie passiert, kann man nicht sagen. Etwas anderes ist
die Staatsform, die Monarchie als solche. Die kann wieder-
kommen.«

Schauplatz Café Landtmann, ein paar Jahre danach, im
Jänner 1993. Diesmal kam ich mit Otto Habsburg auf das
nach mehr als hundert Jahren noch immer nicht restlos
geklärte Rätsel von Mayerling zu sprechen. Vom Kellner
irrtümlich »Majestät« tituliert, bestellte mein Vis-à-vis
Frankfurter und Tee.

245

Ex-Kaiserin Zita hatte einige Jahre davor behauptet, Kronprinz Rudolf hätte nicht Selbstmord begangen, er sei vielmehr einem Mordkomplott des späteren französischen Ministerpräsidenten Georges Clemenceau zum Opfer gefallen, womit sie die vielen Versionen, wie Rudolf ums Leben gekommen sein könnte, um eine weitere »bereichert« hat. Die anderen lauteten: Mord, Selbstmord, die Folge einer Abtreibung bei Mary Vetsera, mit Sektflasche erschlagen, vergiftet, Jagdunfall, Eifersuchtstragödie ... – der Fantasie waren und sind keine Grenzen gesetzt.

Man sah Otto Habsburg an, dass es ihm nicht leicht fiel, den Aussagen seiner inzwischen verstorbenen Mutter zu widersprechen, aber ihrer Verschwörungstheorie konnte er doch nichts abgewinnen. Abgesehen davon, gab sich der sonst so auskunftsfreudige Zeitzeuge in diesem Fall sehr zugeknöpft. Er sagte vorerst nur: »So lange ich lebe, wird das Geheimnis von Mayerling nicht restlos geklärt werden!«

Wenige Tage vor diesem Treffen im Café Landtmann war bekannt geworden, dass Otto Habsburg eine Schatulle aus dem Besitz eines verstorbenen Mitarbeiters von Kaiser Karl erhalten hätte, in der sich wertvolles Dokumentationsmaterial zu Mayerling befand. Darunter die Tatwaffe, handschriftliche Abschiedsbriefe, je eine Locke der beiden Toten und ein Taschentuch.

»Besitzen Sie diese Schatulle wirklich?«, fragte ich.

»Ja«, bestätigte Habsburg, »mir wurden einige Dokumente übergeben, die im Zusammenhang mit dem Tod des Kronprinzen stehen. Aber ich möchte nicht über Einzelheiten sprechen. Ich befasse mich sehr viel mit Geschichte, aber nur dann, wenn sie weiterführt. Dieses Thema führt nur zurück, und deshalb habe ich jetzt kein Interesse daran. Ich habe das ganze Konvolut einem Angehörigen meiner Familie übergeben, der sich dafür eher interessiert.«

»Würden Sie seinen Namen nennen?«

»Ich bitte um Verständnis, dass ich das nicht tun möchte.«

Einen kleinen – wenn auch indirekten – Einblick in die Schatulle sollte mir Otto Habsburg, nachdem er seine Frankfurter gegessen und den Tee getrunken hatte, dann doch noch gewähren. Als er nämlich einmal mehr dezidiert erklärte, dass die Schatulle weiterhin unter Verschluss bleiben würde, hakte ich nach, ob er mir wenigstens erklären könnte, welche der unzähligen Mayerling-Versionen durch die Dokumente, die sich darin befanden, bestätigt würde.

Seine Antwort war kurz und bündig: »Die Dokumente bestätigen ganz eindeutig die Theorie, die Emil Franzel in seinem Mayerling-Buch vertritt.«

Ich besorgte mir daraufhin das 1963 erschienene, längst vergriffene Werk *Kronprinzen-Mythos und Mayerling-Legenden* des mittlerweile verstorbenen Autors. Wenn wir die geheimnisvolle Schatulle schon nicht zu Gesicht bekommen, überlegte ich, dann sollen wir wenigstens erfahren, wie sich die Tat anhand der darin befindlichen Gegenstände und Unterlagen rekonstruieren lässt.

Der Kronprinz hätte – so Emil Franzel – am 26. Jänner 1889, also vier Tage vor seinem Tod, eine Aussprache mit dem Kaiser gehabt, bei der dieser eine Abkehr seines bisherigen Lebenswandels und damit auch das Ende seiner Beziehung zu Mary Vetsera verlangt hätte. Rudolf stimmte zu – und war damit in eine ausweglose Situation geraten: Stand doch dem Ehrenwort an den Vater sein kurz davor gegebenes Versprechen an die Geliebte gegenüber, entweder an ihrer Seite zu bleiben oder gemeinsam mit ihr in den Tod gehen zu wollen. *Einen* Wortbruch hätte er demnach auf jeden Fall begehen müssen. Und ein Wortbruch war eine für die damalige Zeit und Rudolfs Stellung untragbare Situation.

In seiner Verzweiflung fuhr der Kronprinz mit Mary in das Jagdschloss von Mayerling. Er schoss auf das Mädchen und schrieb danach seiner Mutter Elisabeth einen Abschiedsbrief, in dem stand, dass er sterben müsse, weil er getötet habe. Nachdem er das ihm blind vertrauende Mädchen erschossen hatte, gab es kein Zurück mehr.

Der hundert Jahre lang verloren geglaubte Brief dürfte sich in der geheimnisvollen Schatulle befinden, die heute im Besitz der Familie Habsburg ist. Und der Inhalt des Briefes ist wohl der Grund, warum Otto Habsburg die Version des Mayerling-Chronisten Emil Franzel für die einzig richtige hält.

Jedenfalls bestätigte Otto Habsburg mit seiner Aussage, dass Rudolf

1) Mord (auf Verlangen) an Mary Vetsera und
2) Selbstmord beging.

Das ist alles andere als eine Sensation, da diese Version ohnehin immer schon als die wahrscheinlichste galt und dies auch von seriösen Historikern so gesehen wird. Es ist aber das erste Mal, dass ein Mitglied der Familie Habsburg anhand bedeutender Dokumente zu der Frage Stellung nahm.

Weit weniger ernst als Mayerling ist die Geschichte, die mir von einem weiteren Treffen mit Otto Habsburg in Erinnerung geblieben ist. Ich hatte im Herbst 1996 das Drehbuch für eine Dokumentation über die Wiener Kapuzinergruft geschrieben und daraufhin Otto Habsburg zu einem Interview in ein Fernsehstudio auf der Lainzer Straße gebeten. Der einstige Thronfolger erzählte vor laufenden Kameras zwei Stunden lang von seinen in der Kaisergruft am Neuen Markt beigesetzten Ahnen – von Leopold I. über Maria Theresia bis Josef II.

Und er sprach auch über die Mönche des Kapuziner-Ordens, die die Begräbnisstätte des Herrscherhauses seit Jahrhunderten betreuen. Als die Scheinwerfer abgedreht waren, fragte ich ihn, wie oft er denn schon in der Gruft seiner Ahnen gewesen sei.

»Ich war nur dreimal da«, antwortete Otto Habsburg. »Das erste Mal 1916 beim Begräbnis Kaiser Franz Josephs. Dann in den Siebzigerjahren, einfach nur, um mir all die Sarkophage in Ruhe ansehen zu können. Und zuletzt 1989, beim Begräbnis meiner Mutter, Kaiserin Zita.«

»Sie waren nur dreimal in der Kapuzinergruft?«, wunderte ich mich.

»Wissen Sie«, lächelte Otto Habsburg, »jedes Mal, wenn ich dort hinkomme, habe ich den Eindruck, die Patres schauen mich ganz genau von oben nach unten an, um schon einmal Maß zu nehmen. – Für später dann!«

Otto Habsburg, der Zeuge einer Zeit, die wenig Anlass zu Heiterkeit bot. Der das Lachen aber doch nicht ganz verlernt hat.

EIN BISSERL WIE DER »FÜHRER«
Das Phantombild des Herrn Karl

Helmut Qualtinger

»Der Führer hat geführt. Aber a Persönlichkeit war er, vielleicht ein Dämon, aber man hat die Größe gespürt. I maan, er war net groß. I bin ja vor ihm g'standen. Er hat mi ang'schaut mit seine blauen Augen, i hab eahm ang'schaut. Hat er g'sagt: ›Jaja‹. Da hab i alles g'wusst. Wir haben uns verstanden.«
Der Herr Karl

In gewisser Weise hat *Der Herr Karl* besagtem »Führer« auch optisch ähnlich gesehen. Ich darf das insofern behaupten, als ich ein »Phantombild« jenes Herrn anfertigen ließ, der die Inkarnation des österreichischen Opportunisten darstellt. Ja, es hat ihn wirklich gegeben, den Herrn Karl.

Wenngleich er in Wirklichkeit Max hieß. Nikolaus Haenel ist der letzte Zeitzeuge, der ihm noch begegnet ist. »Max war damals ungefähr fünfzig Jahre alt, Brillenträger, 1,70 Meter groß und damit etwas kleiner, aber auch schlanker als Qualtinger. Und doch war er ihm vom Typ her nicht unähnlich. Er hatte schütteres, leicht

251

angegrautes Haar und einen Schnurrbart. An seinen
Familiennamen kann ich mich leider nicht mehr erinnern.«

Da ich erfahren hatte, dass Nikolaus Haenel das Urbild
des traurigen Bühnenhelden noch gekannt hatte, rief ich
den aus Wien stammenden Schauspieler eines Tages in
Berlin an, wo er seit vielen Jahren lebt, und bat ihn, mir
doch ein wenig von der wahren Existenz dieser zutiefst
wienerischen Erscheinung zu erzählen.

Zunächst berichtete Haenel, wie er den »Herrn Max«
kennen gelernt hatte: »Ich war 1960 mit Helmut Qualtinger im Theater am Kärntnertor engagiert, wo wir gemeinsam in dem Programm *Dachl überm Kopf* spielten. Als das
Programm seinem Ende zuging, hatte ich vorerst keine
weiteren Angebote. Um nicht arbeitslos zu sein und die
Zeit ohne Engagement überbrücken zu können, nahm ich
eine Stelle als Geschäftsdiener im Delikatessengeschäft *Top
– Spezialitäten aus aller Welt*, Ecke Führichgasse/Tegett-
hoffstraße, an.«

Haenel blieb drei Monate im *Top*, ehe er in der Schweiz
sein nächstes Engagement als Schauspieler antreten
konnte. Vorher musste er in dem Kellerlokal freilich noch
seinen Nachfolger einschulen – und das war er auch schon,
der Herr Karl recte Max.

»Max war an der Arbeit in dem Geschäft, zu der Boden
aufwischen und das Nachfüllen der Regale gehörte, nicht
sonderlich interessiert. Stattdessen erzählte er mir ständig
und ungefragt aus seinem Leben.« Haenel wusste, dass
Qualtinger auf der Suche nach einer Bühnenfigur mit
Nazivergangenheit war. »Da Max Parteigenosse gewesen

ist und seine Geschichte in einer sehr anschaulichen und theatralischen Weise wiedergab, verständigte ich Qualtinger. Wir trafen uns im Restaurant Halali am Neuen Markt, wo ich ihm an drei oder vier aufeinander folgenden Tagen Wort für Wort vorspielte, was Herr Max mir so alles erzählt hatte.«

> *»Bis Vieradreißig war i Sozialist. Das war aa ka Beruf, hat ma aa net davon leben können … Später bin i demonstrieren gangen für die Schwarzen … Hab i fünf Schilling kriagt. Dann bin i umme zu die Nazi. Da hab i aa fünf Schilling kriagt. Naja, Österreich war immer unpolitisch, aber a bissl Geld is z'sammkummen, net.«*

Qualtinger war begeistert und verarbeitete den Text zu einem in seiner Art einzigartigen Monolog, den er sich dann – gemeinsam mit seinem Co-Autor Carl Merz – auf den Leib schrieb.

In einigen Punkten unterschied sich das Leben des Herrn Max von dem der legendären Bühnenfigur, »da uns« – wie Qualtinger später erklärte – »den echten Herrn Karl kein Mensch geglaubt hätte.« So gab Max von sich, dass er seine Frau einmal beinahe umgebracht hätte, weil diese »die Angewohnheit hatte, sich ständig mit meiner Rasiersaaf die Händ zu waschen«.

Aus dem späteren Leben des Herrn Max erfahren wir nur, dass er bald aus dem Feinkostgeschäft *Top* entlassen wurde, weil sich bei einer Überprüfung seines kleinen Koffers mehrere Flaschen Wermut fanden, die er mit nach Hause nehmen wollte.

Als Haenel seine Erzählungen vom *Herrn Karl* beendet hatte, fragte ich ihn noch, ob er zeichnerisches Talent hätte. »Oh ja«, antwortete der Schauspieler, er sei ein recht begabter Zeichner.

Damit war auch schon klar, worum ich ihn als Nächstes bitten würde: »Könnten Sie ein Porträt des *Herrn Karl* anfertigen, eine Art Phantombild, um der Nachwelt zu zeigen, wie der unfreiwillig berühmt gewordene Geschäftsdiener ausgesehen hat?«

Haenel sagte sofort »Ja«, nahm Papier und Feder zur Hand und zeichnete. Und hier ist er, der echte *Herr Karl.*

Der Herr Karl alias Max, gezeichnet von Nikolaus Haenel im Juli 2005.

254

DER MANN, DEN EINSTEIN VEREHRTE
Ein Leben zwischen Genie und Wahnsinn

Vor ein paar Jahren traf ich den berühmten Mathematiker Rudolf Taschner bei einem Spaziergang durch die Hauptallee im Wiener Prater, und als wir ins Gespräch kamen, schlug er mir vor, ich sollte doch einmal über Kurt Gödel schreiben, der ein unglaubliches Schicksal gehabt hätte.

»Kurt Gödel, der Mathematiker?« Das war's auch schon, was mir zu diesem Namen einfiel, wen interessiert der schon? Von Musikern, Dichtern, Mimen und großen Ärzten lässt sich's trefflich erzählen, weil man da selbst einigermaßen verstehen kann, worin ihre Leistungen bestehen. Aber ein Mathematiker, durch dessen Leben sich Logarithmen, Wurzeln und Differenzialgleichungen ziehen? Nein, nein, derlei haben wir glücklicherweise längst hinter uns gebracht.

Ich vergaß das Thema, bis ich Professor Taschner Jahre danach wieder traf und wir neuerlich auf diesen Kurt Gödel zu sprechen kamen. Und er begann so spannend von ihm zu erzählen, dass ich mich für das Leben dieses Gelehrten zu interessieren begann. Es ist faszinierend, wie sich Genie und Wahnsinn geradezu sprichwörtlich in dieser einen Person vereinen konnten, und als ich seiner Biografie nachzugehen begann, wunderte ich mich, dass sie noch von keinem Hollywood-Produzenten aufgegriffen wurde.

255

Das TIME-Magazine hatte diesen Mann unter die hundert wichtigsten Personen des 20. Jahrhunderts gereiht. Und Kurt Gödel besaß in der Tat ganz außergewöhnliche Fähigkeiten, nur eine einzige fehlte ihm: mit seinem Leben fertig zu werden. Das Genie war nicht einmal in der Lage, für seine eigene Ernährung zu sorgen.

Geboren am 28. April 1906 als Sohn eines wohlhabenden Textilkaufmanns in Brünn, übersiedelte er nach der Matura nach Wien, um hier Mathematik, Physik und Philosophie zu studieren. Zunächst unbezahlter Privatdozent an der Universität Wien, veröffentlichte er seine ersten bahnbrechenden Erkenntnisse und wurde mit anderen bedeutenden Wissenschaftern vom *Wiener Kreis* aufgenommen.

Manchem seiner Zeitgenossen erschien er damals schon etwas sonderbar. Zuallererst seinen Eltern, da er sich als Intellektueller aus großbürgerlichem Milieu in eine um sieben Jahre ältere Frau ohne höhere Bildung verliebte, die aus ärmlichen Verhältnissen stammte, geschieden war und ihr Geld als Tänzerin im Wiener Vergnügungsetablissement *Nachtfalter* verdiente. Gödel verheimlichte seine Beziehung zu Adele Porkert mehrere Jahre lang und wagte es erst, sie im September 1938 – als sein Vater gestorben war – zu heiraten. Gerade sie sollte sich als wichtigste Stütze seines Lebens erweisen.

Amerikanische Talentsucher, die von Kurt Gödels mathematischem Genie erfahren hatten, holten ihn zu Gastvorlesungen an die renommierte Universität in Princeton, von wo er vorerst immer wieder nach Wien zurückkehrte. So hervorragend er in seiner wissenschaftlichen Arbeit war, so verrückt erwies sich seine persönliche

Situation. Er litt unter Depressionsschüben, gepaart mit extremer Hypochondrie und einem starken Verfolgungswahn. Vor allem aber führte seine Paranoia zu existenzbedrohlichen Ernährungsproblemen, da er in der ständigen Zwangsvorstellung lebte, dass man ihn vergiften wollte. So musste seine Frau jede Speise vorkosten, ehe er einen Bissen zu sich nahm – und er war auch dazu nur in der Lage, wenn sie von demselben Teller und mit demselben Löffel gegessen hatte. Mehrere, oft monatelange Aufenthalte in geschlossenen Anstalten waren die Folge, einmal als Patient des berühmten Psychiaters Julius Wagner-Jauregg. Auslöser für all das Leid soll – laut Diagnose seines Bruders Rudolf, der selbst Arzt war – eine rheumatische Fiebererkrankung in der Kindheit gewesen sein, von der er sich zwar physisch, aber nie psychisch erholte.

Kurt Gödel bezeichnete sich als »unpolitisch« und reagierte vorerst nicht auf den Terror, den die Nationalsozialisten an der Universität Wien veranstalteten. Erst als ihn ein Passant – fälschlich übrigens – auf der Straße als »Jude« bezeichnete, beschloss er, Wien zu verlassen. Der nunmehr 33-jährige Dozent reiste im Jänner 1940 – was damals überaus kompliziert war – mit seiner Frau in die USA, wo man ihn an der Princeton University mit offenen Armen aufnahm.

Sein Gesundheitszustand verschlechterte sich zusehends. Da Gödel mittlerweile auch ein krankhaftes Misstrauen Medizinern gegenüber entwickelt hatte und nicht bereit war, sich einer Behandlung zu unterziehen, kam es zu mehreren lebensgefährlichen Situationen – so ist er einmal beinahe einem unbehandelten Zwölffingerdarmgeschwür erlegen. Ein amerikanischer Arzt stufte ihn als »genial, aber psychopathisch« ein.

Sein Abgott war Leibniz*, mit dessen Geist er in Kontakt zu stehen glaubte. Nicht genug damit, projizierte Kurt Gödel seine Verschwörungstheorien auch auf sein Idol, indem er behauptete, bestimmte Teile der Leibniz'schen Schriften seien von dunklen Mächten, die Interesse an der Verdummung der Menschheit hätten, vernichtet worden. Als Oskar Morgenstern, einer seiner wenigen Freunde, Gödel einmal in seinem Haus in Princeton aufsuchen wollte, fand er ihn nach langem Suchen im Keller, hinter der Heizung verkrochen, in warme Mäntel gehüllt. Gödel schlotterte vor Angst, sein von Zahlen, Figuren, Formeln und Geistern übervolles Universum würde ihn erdrücken.

Derselbe Kurt Gödel galt – und gilt auch heute noch – als größter Logiker seit Aristoteles! Er wird in der Mathematik und in der Philosophie für ebenso bedeutend gehalten wie Newton für die Physik.

Als ich Professor Taschner in meiner Ahnungslosigkeit vorsichtig fragte, was denn die hervorstechende Leistung des Mathematikers Kurt Gödel sei, sah er mich ein wenig mitleidig an und sagte: »Er hat die Kraft der Arithmetik gesehen und erkannt, dass das Zahlenreich so umfassend ist, dass wir ihm nicht folgen können. Gödel hat damit den Beweis erbracht, dass uns das Unendliche in unserem Denken immer entkommt.«

Aha. Auch wenn unsereins diese im *Gödel'schen Unvollständigkeitssatz* zusammengefasste Erkenntnis nicht wirk-

---

* Gottfried Wilhelm Leibniz, 1646–1716, Mathematiker, Physiker, Philosoph

lich begreifen wird, lässt uns der Mathematiker Karl Sigmund seine Bedeutung wenigstens erahnen – wenn er nämlich erklärt, dass Gödels Erkenntnisse »die Entwicklung des Computers entscheidend geprägt haben«.

In Princeton lernte er Albert Einstein kennen, der Kurt Gödel ungemein schätzte und in seinen engeren Freundeskreis aufnahm. Einstein und Gödel, der – abseits von seinen »Verrücktheiten« – im Übrigen als charmanter und amüsanter Gesprächspartner beschrieben wird, unternahmen täglich ausgedehnte Spaziergänge, bei denen sie physikalische, mathematische und philosophische Fragen diskutierten. Die Freundschaft hielt bis zu Einsteins Tod im Jahre 1955. Ganz nebenbei lieferte Gödel auch wesentliche Beiträge zur Relativitätstheorie.

Trotz seiner enormen Leistungen in Princeton erst 1953 zum Professor ernannt, verlieh ihm die Harvard Universität das Ehrendoktorat

Zwei enge Freunde, zwei Jahrhundertgenies: Kurt Gödel und Albert Einstein

für die »Entdeckung der bedeutendsten mathematischen Wahrheit des Jahrhunderts«.

Doch sein Leben konnte er nicht meistern. Er weigerte sich zusehends, das Haus zu verlassen und verkehrte mit Kollegen nur noch per Telefon. Als seine Frau nach einem Schlaganfall ins Spital musste und für ihn als »Vorkosterin« ausfiel, erschien ihm jede weitere Nahrungsaufnahme unmöglich. Kurt Gödel ist regelrecht verhungert, er starb am 14. Jänner 1978 in Princeton mit einem Körpergewicht von 36 Kilogramm.

ANHANG

DANKSAGUNG

Die folgenden Persönlichkeiten standen dem Autor als Zeitzeugen zur Verfügung oder haben zum Erscheinen des Buches beigetragen: Lilly Schnitzler, Prof. Michael Schnitzler, Polizeipräsident Josef Holaubek, Dr. Johanna Holaubek, Bruno Splichal, Irène Schuler-Sacher, Dr. Bruno Kreisky, Prof. Peter Weiser, Otto und Madeleine Windisch-Graetz, Barbara und Werner Urbanek, Hedy Renolt, General Emil Spannocchi, Prof. Dr. Peter Broucek, Alessandra Garofalo, Dr. Otto Schönherr, Mag. Harald Seyrl, Prof. Dr. Friedrich Hacker, Hannes Hacker, Michael Hacker, Hubert Pointinger, Dr. Christa Nussbaumer, Grete Hasdeu geb. Moser, Dr. Lotte Kirchdorfer, Kommerzialrat Josef Laister, Ernst Wolfram Marboe, Dr. Hans Magenschab, Abt Burkhard Ellegast, Gerhard Bronner, Vera Borek, Prof. Hans Lebert, Erich Alban Berg, Einzi Stolz, Gustav Zimmermann, Dr. Elfriede-Maria Faber, Prof. Dr. Lucian Meysels, Gusti Wolf, Ernest Freud, Prof. Gottfried Marcus, Mietek Pemper, Willi Forst, Barbara und Melanie Langbein, Dr. Georg Hohenberg, Karl Farkas, Hans Weigel, Franz Olah, Henry A. Grunwald, Vera Kálmán, Katharina Hryntschak geb. Schratt, Peter Schratt, Erich Denk, Prof. Dr. Marcel Prawy, Heidi Artmüller, Dr. Reinoud Homan, Dr. Otto Habsburg, Nikolaus Haenel, Mag. Peter Jungwirth, Prof. Dr. Rudolf Taschner, Prof. Dr. Karl Sigmund.

BILDNACHWEIS

Familie Schnitzler privat (S. 19, 21) Michael Schnitzler (S. 24), Foto Hanni (S. 27), Gabriela Brandenstein (S. 30), Archiv Polizeidirektion Wien (S. 33), Martin Gnedt/Kurier (S. 35), Familie Sacher privat (S. 38, 42, 44), Viennareport (S. 47), Familie Windisch-Graetz privat (S. 54), Jürg Christandl/Kurier (S. 59), Porträtsammlung der Österreichischen Nationalbibliothek (S. 61, 129, 141, 164, 176, 223, 229, 241), Lajos Percze/Kurier (S. 63), Gerhard Bartl (S. 67, 139, 224), Alessandra Garofalo (S. 70), Harper Collins (S. 73, 76, 77), Hermann Wakolbinger (S. 74 links), Franz Gruber/Kurier (S. 74 rechts, 101), Reuters-UPI (S. 78), Kriminalmuseum Wien (S. 81), Wiener Stadt- und Landesarchiv/Gestapo-Kartei (S. 85), Georg Markus (S. 90, 196), Ali Schafler (S. 93), Familie Pointinger privat (S. 97), Filmarchiv Austria/Sammlung Lotte Kirchdorfer (S. 107), Gerhard Deutsch (S. 117, 158), Fritz Klinsky/Kurier (S. 121), Helmut Lackinger (S. 124), Peter Kurz/ORF (S. 131, 163), Feature Press (S. 149), ORF (S. 151, 183 rechts, 237), Bezirksmuseum Wien-Josefstadt (S. 152), Moravska Galerie Brünn (S. 156), Lucian Meysels (S. 160), Sigmund Freud Copyrights Ltd. London/Max Halberstadt (S. 167), Sigmund Freud Privatstiftung Wien/Fred Prager (S. 173), Konservatorium Wien (S. 178), Fred Schöllhorn (S. 183 links), Hoffmann und Campe (S. 185), UPI (S. 190), Melanie und Barbara Langbein privat (S. 192), Filmarchiv Austria (S. 195), Imagno (S. 199, 259), Wilhelm Schraml/Kurier (S. 201), Felicitas Timpe (S. 207), Votava (S. 212 links), Franz Olah privat (S. 212 rechts), Reuter-Votava (S. 215), Nikolaus Haenel (S. 254), Amalthea Verlag, Privatarchiv des Autors.

Der Verlag konnte in einzelnen Fällen die Inhaber der Rechte nicht ausfindig machen. Er bittet, ihm bestehende Ansprüche mitzuteilen.

QUELLENVERZEICHNIS

Fred Astaire, *Steps in Time*, New York 1959.

Bezirksmuseum Josefstadt (Hrg.), *Mizzi Zimmermann, Gustav Klimt und die Josefstadt*, Ausstellungskatalog mit Beiträgen von Elfriede-Maria Faber und Helene Sonnleitner, Wien 2007.

Gerhard Bronner, *Spiegel vorm Gesicht*, Erinnerungen, München 2004.

Max Edelbacher, Harald Seyrl, *Wiener Kriminalchronik, Zweihundert Jahre Kriminalistik und Kriminalität in Wien*, Wien 1993.

Max Edelbacher, Harald Seyrl, *Tatort Wien, 1. Band, Die Zeit von 1900–1924*, Wien–Scharnstein 2004.

Giuseppe Farese, *Arthur Schnitzler, Ein Leben in Wien 1862–1931*, München 1999.

Emil Franzel, *Kronprinzen-Mythos und Mayerling-Legenden*, Wien–München 1963.

Alessandra Garofalo, *Austerlitz sounded too much like a battle* (in Vorbereitung), USA 2009.

Henry Grunwald, Georg Markus, Marcel Prawy, Hans Weigel, *Ein Walzer muss es sein, Alfred Grünwald und die Wiener Operette*, Wien 1991.

Karl Kraus, *Die Fackel*, München 1968–1976.

Wolfgang Kudrnofsky, *Schandl, Schubirsch & Co., Kriminalfälle der Zweiten Republik*, Wien 1994.

Armin Loacker (Hrg.), *Willi Forst, Ein Filmstil aus Wien*, Wien 2003.

Horst Friedrich Mayer, *Lexikon der populären Irrtümer Österreichs*, Wien–Frankfurt am Main 2001.

Georg Markus, *Hans Moser, Ich trag im Herzen drin ein Stück vom alten Wien,* Vorwort Paul Hörbiger, Wien–München 1980.

Georg Markus, *Katharina Schratt, Die heimliche Frau des Kaisers,* Wien–München 1982.

Georg Markus, *Karl Farkas, Schau'n Sie sich das an, Ein Leben für die Heiterkeit,* Wien–München 1983.

Georg Markus, *Der Fall Redl,* Wien–München 1984.

Georg Markus (Hrg.), *Der Kaiser. Franz Joseph I., Bilder und Dokumente,* Vorwort Otto von Habsburg, Wien–München 1985.

Georg Markus, *Sigmund Freud, Die Biographie,* München 1989.

Georg Markus (Hrg.), *Mein Elternhaus,* Düsseldorf–Wien–New York 1990.

Georg Markus, *Geschichten mit Geschichte,* Wien–München 1992.

Georg Markus, *Kriminalfall Mayerling, Leben und Sterben der Mary Vetsera,* Wien–München 1993.

Georg Markus, *Die Enkel der Tante Jolesch,* Wien–München 2001.

Lucian Meysels, *Die verhinderte Dynastie, Erzherzog Franz Ferdinand und das Haus Hohenberg,* Wien 2000.

Mietek Pemper, *Der rettende Weg, Schindlers Liste – die wahre Geschichte,* aufgezeichnet von Viktoria Hertling und Marie Elisabeth Müller, Hamburg 2005.

Hubert Pointinger, *Die Salzprinzessin, Die geheime Geliebte Kaiser Franz Josephs,* Wien 2007.

Marcel Prawy, *Johann Strauß, Weltgeschichte im Walzertakt,* Wien–München–Zürich 1975.

Helmut Qualtinger, *Der Herr Karl und andere Texte fürs Theater*, herausgegeben von Traugott Krischke, Wien 1995.

Friedrich Saathen (Hrg.), *Kaiser Franz Joseph und Anna Nahowski*, Wien 1986.

Karl Sigmund, John Dawson, Kurt Mühlberger, *Kurt Gödel, Das Album*, Wiesbaden 2006.

Elke Vujica (Hrg.), *Im Dialog mit Hans Weigel*, Graz–Wien–Köln 1998.

Ghislaine Windisch-Graetz, *Kaiseradler und rote Nelke, Das Leben der Tochter des Kronprinzen Rudolf*, Wien–München 1988.

Personenregister

Abraham, Paul 146f., 216, 220
Adler, Victor 230
Albrecht V., Herzog 159
Angeli, Heinrich von 225
Arafat, Yassir 51
Aristoteles 258
Ascher, Leo 217
Astaire, Fred 69ff.
Austerlitz, Adele 71, 76ff.
Austerlitz, Adele 71
Austerlitz, André 79
Austerlitz, Ernst 71, 73f., 77
Austerlitz, Ester 71
Austerlitz, Franz 69f., 79
Austerlitz, Friedrich 78f.
Austerlitz, Fritz 70ff.
Austerlitz, Johanna Ann 71, 75f.
Austerlitz, Lucia 71f.
Austerlitz, Otto 71, 73
Austerlitz, Simon 71
Austerlitz, Stefan 71f.

Bauchau, Patrick 96
Beer-Hofmann, Richard 16, 20
Benatzky, Ralph 219
Berg, Alban 140f., 143
Berg, Erich Alban 140
Berg, Helene 140f., 143
Bernays, Minna 168, 171
Bernhard, Thomas 49
Bernstein, Leonhard 51

Beroldingen, Lukas 50
Bloch-Bauer, Adele 155
Borek, Vera 130
Brahms, Johannes 116, 175ff.
Brammer, Julius 217
Brandt, Willy 51
Branković, Fürst Vuk 81
Brecht, Bert 208
Bronner, Gerhard 12, 127ff., 210
Bruckner, Anton 116
Buchwald, Wilhelmine 100
Buchwald, Willi 100

Caballé, Montserrat 43
Caron, Leslie 78
Cavendish, Lord Charles 77
Charles, Ray 89ff.
Clauser, Suzanne 22
Clemenceau, Georges 246
Crosby, Bing 78

Dietrich, Marlene 134, 193f.
Donin, Richard 159
Dorsch, Käthe 207ff.

Einstein, Albert 259f.
Elisabeth, »rote Erzherzogin« 11, 55ff.
Elisabeth, Kaiserin 58f., 100, 138, 225, 232, 248
Ellegast, Burkhard, Abt 124f.